8 AÑOS

MARCO AGÜERO-MONTERO

8 AÑOS

OTRO TESTIGO DE LA DESTRUCCIÓN DEL SISTEMA ELÉCTRICO VENEZOLANO

MTA
PRODUCTIONS

MTA
PRODUCTIONS

Primera Edición marzo de 2022

ISBN: 9798433583818

Impreso en USA - *Printed in USA*

A mi madre Nelly, quien con dedicación ejerció por muchos años el Trabajo Social en el Sector Eléctrico Venezolano, brindando bienestar y felicidad al valioso personal de una extraordinaria Empresa.

Eres el mejor ejemplo de dedicación y amor que un hijo puede tener.

Índice

Introducción...........................7

El Sueño se Cumple..................9

El Primer Día...........................15

El Primer Par de Años 25

La Creación de la Corporación 33

Se Formaliza el Acoso a Trabajadores Opositores 37

Se Empiezan a Ver los Cambios 41

    Un acto Político Frenético 43

Empieza la Improvisación..............49

En Busca de Culpables 57

    La Intervención Cubana 62

De Acoso a Agresión................65

La Reacción ante la Agresión 69

    Funcionarios del SEBIN y del DGCIM instalados en el Edificio Sede. 83

El Establecimiento de la Cultura Delincuencial Chavista ..85

    La Violencia a principios del 2014...............91

El Interrogatorio 99

El Adiós...............105

Introducción

La Energía Eléctrica de Barquisimeto C.A. era una de las empresas del servicio eléctrico venezolano más productivas del País. Brindaba un servicio de calidad óptimo a sus clientes en gran parte del Estado Lara. Ser parte de ENELBAR era motivo de orgullo. Significaba pertenecer al ente vital responsable del buen funcionamiento y prosperidad en la ciudad de Barquisimeto y en resto de las poblaciones de la región. Trabajar en ella significaba ser parte de una cultura de trabajo productiva y eficiente, además de tener el beneficio de devengar un salario bien remunerado equivalente al esfuerzo, responsabilidad y dedicación que demanda ser un trabajador del área.

En este libro les cuento mis experiencias vividas en los ocho años que fui parte de esta gran Empresa. Años que pude ser testigo del deterioro progresivo por la cual fue sometida a partir de la llegada del chavismo. A diferencia de PDVSA, que fue carcomida por el apetito voraz del chavismo poco después de la llegada de Chávez al poder, la creación de Corpoelec se anuncia a los 5 años después de que el nefasto chavismo tomara control del sector petrolero, poniendo fin a la descentralización de las industrias eléctricas, despojándolas de su autonomía financiera y sometiéndolas al destructivo socialismo del siglo XXI.

Con el fin de lograr sus objetivos de destrucción, el chavismo no descansa en perseguir a personas que se oponen a éstos cambios y se pronuncian en contra del régimen. Personas que se han negado a seguirles el juego y han continuado luchando por el retorno de la democracia. Con la finalidad de proteger a estas personas que todavía trabajan dentro de la Corporación o aquellos que ya no trabajan allí pero siguen en Venezuela, tanto a ellos como a sus familiares y amigos, algunos nombres fueron cambiados en este relato.

El Sueño se Cumple

Recuerdo el 23 de Enero del 2006 como si fuese ayer. Ese fue el día que finalmente empecé a ser parte de la Empresa que desde mi niñez añoraba pertenecer y en la cual mi madre trabajó por más de 20 años; la Energía Eléctrica de Barquisimeto C.A.

Esta Empresa estatal con una cultura de gestión de trabajo heredada de la Canadian International Power Company Ltd, era una de las empresas del sector eléctrico más eficientes de Venezuela. Tenía 4 plantas de generación y redes de distribución en las mejores condiciones. Con una alta la calidad de servicio eléctrico en el Estado Lara la hacía ser una de las mejores del país. Tenía un sinfín de beneficios laborales para sus empleados, tales como educación inicial preescolar, planes vacacionales, becas estudiantiles, seguro médico, club social, entre muchas cosas más.

Mi madre, además de desempeñarse como Trabajadora Social en el departamento de Bienestar Social, fue fundadora del preescolar dc la empresa. El preescolar se encontraba justo al lado del edificio sede principal donde ella trabajaba. Yo tenía solo 6 años de edad cuando ingresé al preescolar. Al momento del recreo me fugaba rápidamente a su oficina. Veía con admiración su escritorio gris de metal con esquinas cromadas y tope de vidrio el cual aplastaba y dejaba ver una foto mía entre informes de trabajo y almanaques. Sobre las paredes estaban pegados afiches que ilustraban la misión, visión y los valores de la empresa. Junto a su oficina existían varios cubículos.

Veía a sus compañeros de trabajo, todos sonrientes y felices de trabajar allí. Ellos me saludaban y decían "Señora Nelly, su hijo es igualito a usted". Mi madre sonreía y luego me decía, "Marco! regresa al preescolar, no puedes venir aquí a cada rato"; pero lo expresaba de una manera sutil y sonriente, como suele ser su actitud todo el tiempo.

En agosto de cada año, la Empresa brindaba planes vacacionales a los hijos de los trabajadores. En estos planes, los trabajadores tenían la elección de mandar a sus hijos entre 2 o 3 Estados diferentes dentro de Venezuela. En varias oportunidades fuimos al Estado Mérida. No recuerdo exactamente el lugar pero recuerdo que eran sitios montañosos y agradablemente frescos. Recuerdo los dormitorios compartidos con literas de metal. Todas las mañanas nos despertaban muy temprano y nos ponían en formación en un amplio patio para hacer ejercicios de estiramiento y calentamiento. Era duro levantarse, pero una vez despiertos el día pasaba rápidamente por la cantidad de divertidas actividades que nos brindaban.

Ya estando un poco más grande, como a mis 10 años de edad, cada final de mes, mi madre al llegar a casa me entregaba un sobre y me decía "Marco, ésta es tu beca". Se trataba de un pequeño regalo monetario que la empresa daba mensualmente a los hijos de los trabajadores. En el sobre siempre había dinero suficiente como para comprarme algún juguete o dos, o si quería, golosinas o cualquier otra cosa que me provocase comprar. Por lo general ella me lo administraba para pagar el colegio, pero siempre sobraba algo de dinero.

Con el tiempo la Empresa construyó el club social para exclusivo para sus trabajadores y familiares. Tenía un gran salón de fiestas, bar, restaurante, mesas de billar y dominó, parque de niños, canchas de tenis, basquet, futbol, bolas criollas, un gran campo de beisbol y de fútbol con gradas y por supuesto una gran piscina en donde yo nadaba por horas hasta salir con todos los dedos arrugados.

El edificio sede principal de la Empresa fue el sitio donde acudí ese 2006. Un poco más de 30 años después estaba firmando el contrato de ingreso que me hacía parte del personal de La Energía Eléctrica de Barquisimeto. Al firmar el contrato, pasaban por mi mente los momentos cuando de niño iba a ver a mi madre corriendo entre esos mismos cubículos. Yo estaba firmado el contrato sólo a metros de la oficina que mi madre ocupó por tantos años. Sentía una sensación tan natural, tan normal y obvia pero gratificante a las vez, porque desde niño estaba claro que quería trabajar allí.

Además de ser un lugar familiar para mí, gran parte del personal antiguo me conocía. Se veían contentos por mi ingreso, me saludaban con cariño y me pedían que por favor saludara a mi madre de su parte. Ella se había jubilado 6 años antes. Era agradable también encontrarse con viejos amigos del preescolar, hijos de trabajadores jubilados también, ya crecidos y profesionales, laborando en el mismo sitio. El personal que no me conocía era informado por los que sí conocían a mi madre y a mi; le decían "él es el hijo de la Sra. Nelly!". Me sentía tan afortunado de trabajar en un lugar donde mi madre, en su trayectoria de trabajadora social, había dejado tan buena impresión entre tanta gente, y toda esa buena energía era ahora dirigida hacia mí.

8 Años

El Primer Día

Fui contratado como Analista en el Departamento de Seguridad, cargo y departamento no muy acorde con mi profesión de Ingeniero Industrial, pero más adelante me daría cuenta que sería útil en buscar maneras para mejorar y estandarizar los procedimientos del departamento para así escribir los respectivos manuales, ya que por ser un departamento relativamente nuevo, carecía de manuales formales.

El departamento estaba conformado por un Jefe de Departamento de apellido Nieto, la oficinista Santiago, y seis Analistas: Martinez, Velasquez, Leal, Guerra, Soto y Yo como nuevo integrante. Los Analistas teníamos básicamente como función supervisar la seguridad de las instalaciones en todo el estado Lara, como también investigar sobre cualquier daño o robo ocurrido al patrimonio de la Empresa.

Para el año de mi ingreso, el chavismo tenía gobernando a Venezuela por más de 8 años. Para ese entonces ya se encontraban trabajando allí personas simpatizantes al chavismo. Nieto, el Jefe de Seguridad y también mi jefe, era uno de ellos y no escondía su adoración a Chávez en lo absoluto. Se vanagloriaba repitiendo tal cual loro amaestrado frases como "no volverán", "no pasarán", "patria, socialismo o muerte", y todas esas consignas de odio e insensatas que caracterizan a los borregos seguidores del chavismo. Ese mismo día me di cuenta de la mala suerte de tener un jefe que, además de ser el Jefe de Seguridad de la Empresa, fuese chavista también.

Ese mismo día en que firmé el contrato de ingreso, se le notifica posteriormente a Nieto que yo formaría parte del Departamento de Seguridad donde él era jefe. Me cuentan que enseguida y a pocos minutos antes de conocerme, buscó mi nombre en la computadora de su oficina utilizando el software de la famosa y excluyente "lista Maisanta". Esta lista era la versión 2.0 de la lista Tascón. En ella se encontraban todas las personas que habían firmado en el año 2003 con la finalidad de solicitar un referéndum revocatorio ante el Consejo Nacional Electoral y así lograr que todos los venezolanos decidiesen si querían que Hugo Chávez continuara en la presidencia de Venezuela o no. El diputado Chavista Luis Tascón fue designado por Hugo Chávez para la divulgación de esta lista de firmantes en su página web con datos suministrados por el mismo CNE. Esta publicación provocó que a millones de venezolanos fuesen discriminados, excluyéndolos de las empresas del estado, filiales y contratistas.

Yo nunca simpaticé con las ideas de Hugo Chávez. Recuerdo con detalles aquella madrugada del 4 de febrero de 1992, cuando me desperté por el ruido del televisor que mi padre había encendido en la sala de al lado de mi habitación. Por la ventana pude ver en el televisor al Presidente Carlos Andrés Pérez dirigiéndose a la Nación, diciendo que el golpe de estado ya estaba frustrado y que depusieran las armas los pocos rebeldes que quedaban.

Yo me sentía desconcertado pero a la vez aliviado que el Presidente Pérez dijera que todo estaba bajo control. Esa mañana yo no pude asistir a mis clases de quinto año de bachillerato en el Colegio La Salle de Barquisimeto. Nadie salió de sus casas debido al temor y a la confusión. Todo el mundo estaba pegado al televisor. Más tarde pude ver en pantalla, la cara de este militar de nariz puntiaguda y que su boina roja no ocultaba del todo su corte de pelo vencido, dando declaraciones ante las cámaras y dirigiéndose al resto de su banda criminal, diciendo que depusieran las armas, que "por ahora los objetivos no habían sido alcanzados".

Me pareció tan extraño que una persona tratase de arrebatarnos la Democracia intentando asesinar al Presidente de la República y que fuese responsable por la muerte de tantos militares y civiles inocentes, estuviese allí tan tranquilo hablando libremente como si solo hubiese atropellado a un gato, dando declaraciones a la prensa, sin ni siquiera ser esposado. Desde ese mismo momento lo detesté.

Y como olvidar el 27 de noviembre de ese mismo año. El día que, estando Chávez preso, otro grupo de psicópatas en nombre de él, volaron por Caracas disparando misiles y bombas por doquier. Yo me encontraba casualmente en la Capital para la fecha. Había asistido 2 días antes al concierto de la famosa banda de rock "Guns N' Roses". Me estaba quedando en el apartamento de mis tíos ubicado en un edificio del la zona del Paraíso. Vivían en el piso 11 y su balcón tenía vista al norte donde se podía ver la zona de Miraflores con el cerro El Avila de fondo. Desde allí pude ver como los aviones Bronco lanzaban bombas a toda el área del Palacio.

También disparaban desde aviones F16 a las antenas repetidoras ubicadas en el El Avila con el fin de silenciar los medios de comunicación e impedir que el Presidente Pérez hablara. Era un ataque continuo que parecía no terminar. Mi curiosidad era tan grande que me impedía percibir el peligro que implicaba estar mirando por el balcón. Mi tío Melendez, con su acento andino me gritaba: "hijo no se acerque al balcón, agáchese!" Mis primas y mi tía estaban bajo la mesa del comedor muertas de miedo. El eco del sonido de las ráfagas de disparos hacían parecer que estaban disparando directamente hacia nosotros. Los aviones F16 volaban muy cerca de los edificios de la ciudad. Era un sonido estruendoso que sumado a los bombardeos y a las ráfagas de disparos hacía que nos diéramos cuenta que estábamos en una zona de guerra.

Después me enteré que muchos civiles fueron asesinados con las bombas arrojadas, sólo por el hecho de estar en el lugar y momento equivocado. La misma suerte que le tocó al personal de seguridad de las instalaciones de la televisora Venezolana de Televisión, quienes fueron ejecutados por estos militares asesinos con el fin de poder pasar por encima de sus cadáveres para luego por transmitir por televisión sus mensajes y consignas en pro de Chávez, mostrando sus armas y causando más terror.

Es increíble pensar que ese sujeto antidemócrata que causó tanto daño, el mismo sujeto que en su intento de asesinar al presidente matase a civiles inocentes y soldados rasos, el mismo sujeto que diese la orden de arrojar bombas y disparos sobre la población de Caracas, se lanzara a candidato presidencial en 1998 y que la esa misma población votara por él, convirtiéndolo en Presidente de la República.

Entonces, por supuesto que Nieto encontró mi nombre en la lista Maisanta. Si me hubiesen llamado a firmar 100 veces más, Nieto hubiese encontrado mi nombre 101 veces.

Después de encontrar mi nombre allí, me cuentan que Nieto imprimió la lista, resaltó mi nombre con marcador fosforescente y salió corriendo por las escaleras sin siquiera esperar el ascensor, subiendo los cuatro niveles del edificio hasta el ultimo piso donde se encontraba la presidencia de la Empresa. Pidió hablar con el entonces presidente, Ingeniero Ochoa. Al ser recibido por él, le entregó la lista diciéndole "el Analista que contrataron para mi departamento es un Escuálido!". Ochoa miró la página arrugada por la travesía en que fue sometida y le dijo: "En esta empresa no contratamos a las personas por ser chavistas o no, las contratamos por su preparación y aptitudes, el muchacho es un buen profesional, yo lo conozco."

Yo había conocido al Ingeniero Ochoa 9 años antes cuando era Gerente de Materiales y Suministros de la Empresa. En ese entonces me encontraba haciendo estudios en el Almacén perteneciente a esa gerencia con la finalidad de hacer mi Tesis de Grado. Ochoa fue mi tutor empresarial para la realización de la Tesis.

Al escuchar Nieto lo que le respondió Ochoa, se resigna a regañadientes. Me imagino que habría entendido entonces que, el nefasto chavismo no todavía no había influenciado al organigrama de la Energía Eléctrica de Barquisimeto; no por ahora.

Nieto, un teniente coronel retirado del ejército, había entrado a la Empresa un par de años antes que Yo. Se había colado por allí gracias a sus antecedentes militares. Los que aprobaron su solicitud de empleo en la Empresa pensaron que por ser militar retirado, iba a ser un buen candidato para dirigir el Departamento de Seguridad. Un gran error que ha sido demostrado en muchas empresas del estado durante el chavismo; pensar que un militar pueda gerenciar. Por el contrario, un militar lo único que sabe hacer es mandar a otros militares, pero difícilmente a civiles. Son incapaces de interactuar provechosamente en un equipo de trabajo. No aportan soluciones a los problemas de una empresa ni mucho menos saben impulsar la productividad. Lo único que saben es mandar y ser mandados, todos entre militares.

Al bajar Nieto del cuarto piso, esta vez por el ascensor, yo estaba sentado en una silla al lado de uno de los escritorios de la oficina de Seguridad. Al otro lado del escritorio estaba Martinez, uno de los analistas más experimentados del departamento. El ya me había dado la bienvenida y me estaba explicando todas las funciones que allí se hacían. Nieto al entrar se presentó mencionando su apellido al mismo tiempo que extendió la mano la cual estreché. Luego me dijo "ya veo que Martinez te está explicando como funciona el departamento", siguió y entró a su oficina cerrando la puerta

8 Años

24

El Primer Par de Años

Empiezo a conocer, entender y aprender el trabajo gracias a Martinez. El me enseña sin mezquindad alguna cada proceso y actividad. Me doy cuenta que era un trabajo dinámico. Requería trasladarse a muchos lugares tanto en la ciudad de Barquisimeto como a muchas otras poblaciones del Estado Lara. A mi se me hacía ameno manejar en un vehículo de la Empresa por poblaciones recónditas de la geografía regional. Lugares situados cerca de las fronteras del Estado, como La Pastora, Humocaro o Aguada Grande inclusive, cuya población ni siquiera llegaba a 14 mil habitantes. Era interesante recorrer las carreteras de Lara, entrar a caminos de tierra y piedra muy accidentados, sin ver el asfalto en decenas de kilómetros, que solamente un vehículo cuatro por cuatro puede pasar, para finalmente llegar a alguna subestación o centro de recaudación, saludar al poco personal que allí laboraba, verificar que equipos de vigilancia estuviesen funcionando correctamente, hablar con el personal de vigilancia y responder a sus inquietudes, en fin, saber cómo andaban las cosas en ese sitio tan remoto y olvidado, a veces desconocido por gran parte de la organización.

La logística para el traslado no era nada difícil. La empresa contaba con vehículos en buenas condiciones. Por lo general, cada uno de los analistas teníamos un vehículo designado. Eramos responsables por su mantenimiento preventivo. Cada determinado tiempo lo llevábamos al Departamento de Servicios Automotrices. Allí se le hacía desde el lavado y cambio de aceite al motor hasta cambio de cauchos, batería o la reparación de cualquier desperfecto mecánico. Trabajador que no tuviese su vehículo designado en buenas condiciones y funcionamiento, era simplemente por desidia, pero no por falta de recursos.

El comer en esos viajes no era problema, ya que se contaba con un bono alimenticio en forma de tarjeta de débito. Se podía usar para poder comer en algún restaurante de precios accesibles con menú balanceado o también llamado; "restaurante con menú ejecutivo". Si algún Analista no quería gastar dinero en restaurantes, simplemente llevaba un contenedor con comida cocinada en casa, cosa que yo particularmente nunca hice.

Después de haber recopilado toda la información necesaria en el recorrido de los sitios visitados e inspeccionados, a primera hora del día siguiente en la oficina, hacíamos las acciones necesarias para solucionar o corregir cualquier situación que afectara la seguridad del patrimonio de la empresa. Labor que implicaba comunicarse con distintos departamentos o gerencias de la empresa como también con cualquier entidad externa del sector privado o público, para después volver al día siguiente a salir a realizar el trabajo de campo nuevamente. El trabajo era un ciclo continuo.

Con el tiempo pude ver que no hacía gran diferencia que el jefe de departamento estuviese allí o no. Los analistas nos encargábamos de hacer las gestiones necesarias para solucionar los problemas concernientes a la seguridad de la Empresa. Eramos los que manteníamos el departamento andando. Pero para no ser injusto, si puedo decir que el jefe firmaba correspondencia que la oficinista redactaba con el fin de solicitar apoyo policial o militar para la seguridad de los trabajadores en labores múltiples de mantenimiento o restauración de líneas eléctricas en la ciudad.

Un analista de seguridad tenía que estar presente en estas labores. Teníamos que llevar a estos policías o militares a los sitios donde se realizaran y así brindar el apoyo de seguridad al personal. Esto requería trabajar a cualquier hora del día y cualquier día de la semana. Para ello se designaba un "analista de guardia" cada semana. La denominada "guardia de prevención" era rotativa entre los analistas, por lo cual una vez al mes me tocaba a mí.

No era muy difícil estar de guardia si no ocurrían eventos, pero en caso contrario, sí podía llegar a ser muy estresante. Teníamos que tener nuestro teléfono móvil a la mano todo el tiempo además del radio transmisor. No se podían apagar en ningún momento, ni siquiera a la hora de dormir. Te podían llamar a cualquier hora del día, noche o madrugada.

Si esto ocurría, había que llegar al sitio requerido tan pronto fuese posible y en compañía de militares o policías.

Eventualmente éramos llamados también por asuntos de otras índoles. Recuerdo una vez que tuve que asistir a la morgue para reconocer a un trabajador que había fallecido. Era un trabajador de mantenimiento de líneas eléctricas, o como estaba escrito en su carnet de identificación: "Liniero". Los linieros son los trabajadores que más están expuestos al peligro que representa manipular las líneas eléctricas. Son el personal que más accidentes mortales tienen, ya sean por caídas, descargas eléctricas o ambas inclusive; por lo tanto eran los mejores remunerados en salario.

Pero éste liniero no había muerto en labores de trabajo, sino más bien había sido víctima del hampa. Cuentan que había salido de fiesta por los bares nocturnos de la ciudad de Quibor. Al salir de uno de estos bares y subirse en su camioneta Toyota último modelo, fue sorprendido por unos delincuentes quienes lo secuestran y hacen sustraiga dinero del cajero automático para así robarlo y finalmente dejarlo en las afueras de la ciudad llevándose su vehículo, no sin antes dispararle en medio del pecho para dejarlo tirado a un lado de la carretera. Un suceso lamentable y horrible, sobre todo para su familia. Se me hace difícil olvidar verlo tirado allí sobre una plataforma de metal, como tan difícil es olvidar el olor de la morgue central de Barquisimeto, una mezcla entre tejido descompuesto y cloro.

Mi abuelo siempre decía; "El dinero es como la tos, difícil de ocultar". Lo triste de eso es que los delincuentes son los primeros en notarlo. Estaba muy claro que un liniero de la Empresa para ese entonces ganaba dinero suficiente no sólo para tener carro nuevo, sino también para tener casa propia, tener comida suficiente en la nevera todos los meses, tener a sus hijos estudiando en buenos colegios y universidades, tener para viajar en vacaciones y tener todas las necesidades y gustos cubiertos que pueda merecer cualquier persona que trabaja duro y gana dinero decentemente viviendo en un país normal. Pero no sólo los linieros de la empresa eran solventes financieramente, sino también, el resto del personal de la empresa. Unos más que otros, pero todos los que teníamos la fortuna de pertenecer a la nómina de la Energía Eléctrica de Barquisimeto, gozábamos de un salario bien remunerado y beneficios envidiables.

Yo cuando le comentaba a algún amigo de confianza que solamente mi tarjeta de bono alimenticio era equivalente al salario mínimo nacional de la época, no me creía. Menos me iban a creer que mi salario era cuatro veces más que el bono alimenticio. Eso sin contar con las utilidades de fin de año y el bono vacacional que eran también muy generosos. Cuando un empleado es bien remunerado, se levanta todas las mañanas contento de ir a trabajar. Al llegar a su sitio de trabajo busca la manera de que su labor sea la mejor que pueda ser, y de esta manera cuidar su cargo, su departamento, su empresa y por ende su familia y su vida feliz. Por lo menos eso era lo que yo sentía. Para mí era un orgullo llevar colgado el carnet de la empresa sobre el bolsillo de mi camisa. Me sentía orgulloso de trabajar allí del mismo modo que mi madre lo hizo por tantos años. Soñaba con ir ascendiendo posiciones hasta llegar al nivel más alto, para después de allí retirarme dignamente y gozar de una jubilación acorde con el trabajo realizado por tantos años.

Debido a que mi trabajo en la empresa me importaba sumamente, me incomodaba enormemente que situaciones que no tenían nada que ver con mi desempeño laboral me afectaran negativamente.   Ejemplo de eso eran los señalamientos constantes del jefe de departamento. Cada vez que podía me señalaba y recriminaba por ser firmante a favor del Referéndum Revocatorio para destituir a Chávez en el 2004. Recuerdo vívidamente una reunión donde nos encontrábamos todos los analistas. Empezó diciendo: "Aquí en esta Empresa no recriminamos a nadie. Fíjense; Marco es un escuálido (señalándome). El firmó en contra del comandante y de la revolución, y aquí está sentado tranquilo, trabajando con nosotros sin problemas". Gracias a Dios para ese entonces, me protegía la sensatez que todavía estaba presente en la Empresa, todavía no había llegado la locura destructiva del chavismo.

La Creación de la Corporación

Como dice el dicho: "no todo es color de rosa"; en este caso en particular diríamos que ese color rosa no dura para siempre.   Es como si se estuviese caminando sobre una espesa alfombra de verde césped rodeado de una amplia pradera, disfrutando de un sol radiante y contemplando un paisaje hermoso; pero de un momento a otro todo puede cambiar.   Ese cielo con sol radiante puede ser tapado por nubes grises para luego darse cuenta que ya no se está caminando sobre césped sino por fango, al mismo tiempo que el paisaje desaparece y lo único se puede ver es niebla. Algo similar pasó a principios del 2008. Ese fue el año en que Chávez anunció formalmente y en cadena nacional la creación de la Corporación Eléctrica Nacional o mejor conocida como Corpoelec. Corporación que se había creado jurídicamente y publicado en Gaceta Oficial un año antes.

Tanto otros como yo no entendíamos lo que eso significaba. Pensaba que sería una Corporación aparte de nuestra Empresa y que ayudaría a la generación y distribución del sistema eléctrico a nivel nacional. Pero después quedó claro que la Corporación consistiría en aglutinar todas las Empresas de electricidad del país.

No era un invento nuevo. Era solamente para aparentar que estaban haciendo algo novedoso, pero en realidad se disponían a tomar el control total de cada una de las empresas eléctricas desde el gobierno en Caracas. Una práctica característica de los gobiernos comunistas; tomar el control total de los medio de producción.

Catorce empresas serían forzosamente amalgamadas en una sola Corporación con el dominio del Gobierno Nacional en Caracas. Esto significaba que Empresas tan prósperas y eficientes como la nuestra, con una nómina de un poco más de 1.000 empleados bien remunerados, iban a ser adheridas a otras empresas, entre las cuales existían algunas en bancarrota como lo era CADAFE; una Empresa casi en colapso y en pésimas condiciones, que para la fecha tenía una nómina por arriba de 30.000 empleados con sueldos por debajo del salario mínimo nacional. Nos encaminábamos a ser una minúscula porción de un nefasto invento socialista.

Ese mismo 2008, después del anuncio de la creación de la corporación, se empezó a sentir un ambiente diferente en la empresa. Se comenzó a ver la angustia en los rostros de los empleados. En Caracas se había dado la orden a las Vicepresidencias y gerencias, en ir identificando a los empleados que no estuviesen de acuerdo con las ideas del chavismo.

Los empleados empezaron a evitar hablar de política. En los pasillos sólo se escuchaban conversaciones rutinarias de trabajo o sobre lo que habían hecho el fin de semana con su familia, pero nada sobre si estaban de acuerdo o no con la creación de la Corporación. La gente comenzó a cuidarse de lo que decían; la cacería de brujas ya había empezado.

8 Años

Se Formaliza el Acoso a Trabajadores Opositores

El nefasto chavismo comenzó a hacer el recorrido por el organigrama de la Empresa. Nieto, sintiéndose más apoyado que nunca, intensificó sus rutinas de intimidación. Por ser jefe de seguridad, empezó a identificar a todos los trabajadores que no estuviesen con "el proceso revolucionario". En mi caso, comienza a amenazar con despedirme, pero a su pesar, no tenía el poder para hacerlo. Por el hecho de estar sindicalizado, yo tenía el respaldo del Sindicato de Trabajadores, eso sumado a que las leyes del trabajo no permitían despedir a cualquier trabajador sin tener una razón de peso. En esos años todavía se respetaban las leyes del trabajo y era difícil que un jefe despidiese a algún trabajador por el simple hecho de no ser chavista. Tenía que buscar un motivo mayor para poder hacerlo.

No tuvo más remedio que sugerirme constantemente que renunciara. Me decía que un opositor a Chávez como yo no tenía lugar en una Empresa que pronto iba a ser controlada en su totalidad por el gobierno chavista. Las amenazas a veces no sólo se limitaban a ser más que un simple despido. En reiteradas ocasiones y de diferentes formas me hacía entender que los escuálidos siempre son propensos a tener accidentes por lo que me tenía que cuidar. Esto era dicho de una manera pasiva, sin alterarse y sin elevar su tono de voz, simplemente de un modo normal como si fueran conversaciones comunes. Las hacía de manera diferente y casi todos los días de la semana.

El estrés generado por un acoso constante te puede ir afectando mental y físicamente pero de una manera lenta y sin que te des cuenta. Recuerdo que un día empecé a sentir un leve ardor en el estómago. Pensaba que podría ser la comida por lo que intenté mejorar mi dieta. Pero el ardor se fue incrementando cada día más. Sentía que el estómago se me volteaba cuando recibía una llamada de Nieto o cuando hablaba con él directamente. Llegó un punto que mi estómago no aguantó más el sometimiento de los ácidos gástricos generados por ese estrés. Me había enfermado de una pequeña úlcera estomacal. No fue de gravedad. Pudo ser controlada con una visita al gastroenerólogo quien me recetó los medicamentos que me hicieron mejorar; pero no iban a servir de mucho si no me calmaba.

Recuerdo a mi compañero de trabajo Soto cuando me decía: "no dejes que ese sujeto te enferme, no lo permitas. Deja de preocuparte que perro que ladra no muerde". Soto también había sido víctima de acoso por parte de Nieto por sospecharse de ser opositor al régimen chavista. El estrés provocado sumado a su sobrepeso le había causado un pre-infarto un año antes. Se recuperó después de una intervención quirúrgica, pero tan pronto se reincorpora a las labores de manera parcial, solicita el retiro que ya merecía para jubilarse después.

Pude darme cuenta que no era sólo yo la víctima de acosos y amenazas, sino también otros empleados sospechosos de ser opositores y a quienes habían encontrado sus nombres en la discriminatoria lista Maisanta.

Se Empiezan a Ver los Cambios

Los cambios se empiezan a notar primeramente en los niveles de Vicepresidencias y Gerencias. Gerentes y jefes de departamentos que nunca habían usado el color rojo, empiezan a vestir camisas de ese color. Las correspondencias emitidas por las gerencias empezaron a llegarnos con alguna que otra frase chavista como "un saludo revolucionario" o finalizando con "patria, socialismo o muerte". De esa manera fue que llegó una correspondencia enviada a nuestro Departamento por parte de su Vicepresidencia encabezaba un Ingeniero "rojo" de apellido Herrera. La correspondencia informaba sobre la realización de un acto político con motivo de la inauguración de una nueva planta termoeléctrica en la ciudad de Cabudare y en donde Chávez estaría presente.

El nombre de la planta era originalmente "Planta Termoeléctrica Palavecino", pero como siempre el régimen chavista se ha caracterizado por honrar a personajes subversivos que nada han aportado a la construcción de la sociedad, sino por el contrario fueron o son los principales promotores del caos y de la destrucción de la democracia, prefirieron cambiarlo a "Planta Termoeléctrico Argimiro Gabaldón", en honor a un guerrillero comunista neutralizado en 1964 por las fuerzas democráticas dirigidas por el entonces Presidente de la República Rómulo Betancourt.

El acto sería transmitido en cadena nacional por el canal Estado Venezolano que es usado para difundir propaganda chavista; Venezolana de Televisión.

Herrera nos notifica que teníamos que asistir al evento vestidos con camisas color rojo y que nuestra función sería la de siempre; supervisar que la seguridad de la instalación funcionase correctamente. Era algo que me parecía ilógico ya que con solo la visita del Chávez la seguridad estaba cubierta por los múltiples anillos de militares pertenecientes a la presidencia. Herrera era un Vicepresidente que había llegado a ese cargo de manera repentina. Era otro loro amaestrado más que le gustaba repetir consignas chavistas. Tenía una foto sobre su escritorio de él junto a Chávez. Por la calidad de la imagen y el aspecto físico de ambos en la foto, se notaba que había sido tomada a mediados de la década de los noventa. Se pavoneaba constantemente por ello. Miraba la foto con nostalgia y decía: "hay muchas cosas que pasaron que no se saben…" y luego sonreía; algo que a mí me parecía como gay, sí se puede decir.

Un acto Político Frenético

Llegó el día de la inauguración de la planta. A pesar de que el acto estaba pautado para la tarde, se nos había notificado que teníamos que llegar a primera hora de la mañana, por lo cual yo me trasladé al sitio temprano. Al llegar al lugar, había que parquear los vehículos a unos 100 metros fuera de la entrada de la planta. Allí me encuentro con uno de mis compañeros de trabajo, el analista Velasquez. El se encontraba de pie junto a su vehículo designando. Ni él ni yo vestíamos camisas rojas. Me saluda y me pregunta:

"Marco tu vas a entrar? Por que yo mejor me voy a supervisar otro sitio. A mi no me gustan estas cosas, tú y yo somos los únicos analistas que vinimos". Yo le respondí que sí iba a entrar. Mi decisión no era tanto por la preocupación de estar ausente en una labor que me habían designado desde la vicepresidencia, sino más bien, tenía curiosidad por ver lo que allí iba a ocurrir.   Al escuchar mi respuesta, Velasquez se sube a su vehículo y se marcha. Yo continúo caminando hacia la entrada de la planta que estaba ya resguardada por una enorme cantidad de militares, me identifico e ingreso al lugar. En el sitio estaban casi todos los vicepresidentes, gerentes y Jefes de la Empresa como también personas que yo nunca había visto. Asumo que era personal de la Corporación enviado desde Caracas como también personal de la Presidencia de República. Muchos de ellos corrían como locos cumpliendo órdenes gritadas por uno que otro "Cacique" de contextura gorda que de manera combinada, lucían sus ajustadas camisas polo color rojo con gorras del mismo color estampadas con el logo del 4F. Con sus despóticos tonos de voz y apuntando con el dedo índice en todas direcciones, ordenaban a sus súbditos que rápidamente prepararan el lugar. Decoraban cada rincón con palmeras en porrones de barro, forraban de rojo los espaldares de todas las sillas de plástico así como los mesones con manteles rojos además de cubrir un inmenso toldo con tela roja. También instalaban las cámaras y el sonido para la transmisión en vivo. Había una mujer que lucía pelo amarillo con gorra roja que gritaba frenéticamente: "Trajeron muchas palmeras!, al comandante no le gustan que hallan tantas palmeras!".

Yo miraba con asombro lo que allí ocurría. Más de uno me miraba de pies a cabeza. Uno de ellos me dijo: "si no tienes franela roja, allá en aquel rincón están dando". Yo por supuesto me hice el sueco. Cada vez llegaban más personas, entre tantos recuerdo haber visto al entonces alcalde de Barquisimeto y candidato a gobernador Henri Falcón aprovechando la oportunidad para hacerse notar. Más tarde alguien empieza a informar a todos que Chávez no iba asistir, sino más bien que iba a hablar a través de una transmisión en vivo desde otra parte del país. Eso hizo que la gente se relajara un poco, pero igual continuaron maquillando todo de rojo.

Una de las cosas que más me impresionó, fue ver como trataban a los gerentes y vicepresidentes de la Empresa. Desde aquel rincón donde estaban dando las camisas coloradas, los ponían hacer una formación en fila india para que una mujer enviada de Caracas, le pusiese las respectivas franelas rojas sobre sus ropas. Me daba pena ajena ver a cada uno de ellos. Cuando llegaba su turno, subían los brazos, y sobre sus camisas mangas largas bien planchadas o elegantes blusas en el caso de las mujeres, ésta señora de baja estatura y parada sobre una silla de festejo blanca, les deslizaba la franela roja hacia abajo, tal como una madre viste a su niño recién bañado para ir a la escuela, con la diferencia que ellos mismos tenían peinar sus despelucados cabellos después de haber sido desarreglados por los estrechos cuellos de las camisas rojas.

No menos impresionado quedé cuando vi que, a las turbinas nuevas de fabricación alemana y de marca Siemens, se le desmontase el nombre de la marca para ocultar donde fueron fabricadas. Recuerdo ver al vicepresidente de producción, ya molesto por haber sido vestido de manera obligada con la franela colorada, gritar: "Por qué le quitan la marca a las turbinas? si la Siemens fue la que hizo esa vaina!". Los empleados que trabajaban con él le decían asustados y en tono bajo: "baje la voz ingeniero, quédese tranquilo".

Yo para evitar seguir viendo esas imágenes tan desagradables y que lo único que me hacían era sentir impotencia, decidí alejarme y caminar hacia la garita de vigilancia ubicada en la entrada de la planta. Fue en ese momento donde me encontré a Herrera, quien sin emitir saludo alguno me pregunta en tono demandante: "Donde esta tu camisa roja?". No me dejó responder, sino más bien siguió caminando rápidamente y casi corriendo hacia el evento al mismo tiempo que empieza a hacer una llamada por su teléfono móvil. Al minuto, me entra una llamada a mi móvil; era de Nieto diciéndome que me fuera del lugar para inspeccionar otra instalación al otro lado de la ciudad.

8 Años

Empieza la Improvisación

La Energía Eléctrica de Barquisimeto siempre mantuvo una excelente cultura de prevención y mantenimiento. Desde el mantenimiento de las partes más complicadas de una turbina de generación hasta el mantenimiento del césped de las áreas verdes de todas las instalaciones. Todo se hacía de manera periódica y poco o nada se escapaba. El control de la vegetación o maleza en el sistema eléctrico era parte de ello. Era una de las labores más importantes para el funcionamiento de los sistemas, ya que el descuidarlo y en combinación con las lluvias, podría causar un colapso mayor en la distribución del servicio. Se ejercía de manera permanente en todas las plantas, sub estaciones y tendidos eléctricos tanto urbanos como rurales. Toda persona que viajara a Barquisimeto desde cualquier otra parte del país, era testigo de cómo el cableado que venía desde el sistema interconectado nacional siempre se encontraba, no sólo libre de vegetación sino también impecable. Durante mis dos primeros años de trabajar allí, pude ver como a cada instalación se le hacía el mantenimiento de remoción de maleza de manera periódica. Era muy extraño ver alguna subestación con algo de maleza. En una oportunidad realizando una inspección en una instalación ubicada en la remota población de Humocaro, pude ver que tenía vegetación de unos pocos centímetros de altura y en un 5% del área. Me bastó con realizar una llamada al departamento encargado y la semana siguiente, cuando regresé al sitio, ya estaba todo despejado de maleza.

Después del año 2008 todo empezó a cambiar. Desde Caracas se empezaron a suspender los pagos a las pequeñas empresas contratistas encargadas de la limpieza de malezas. Como consecuencia la vegetación en los sistemas eléctricos empezó a crecer. Se hizo común ver matorrales, arbustos y enredaderas en torres, sub estaciones y plantas. Para buscar una solución sin tener que pagarle a nadie, se dio la orden a soldados rasos de las fuerzas armadas para ir con algunos machetes o herramientas rudimentarias a despejar la maleza en todas partes. Era una escena aterradora ver a esos soldados de aspecto delgado, con uniformes verdes dos tallas más grandes que ellos, pasar horas bajo el inclemente sol, sin tener la más mínima idea de cómo remover la maleza. Pude ver a muchos arrancar "a mano limpia" maleza por no poseer herramientas ni mucho menos guantes. No poseían equipos que los pudiesen proteger de hierbas ponzoñosas que abundaban en el lugar. Pero eso era lo de menos; no poseían el entrenamiento ni la protección adecuada para estar cerca de sistemas de alta tensión eléctrica.

A los pocos días, los famélicos soldados se encontraban agotados de realizar esa pesada labor. Muchos de ellos simplemente paraban de trabajar y se sentaban o acostaban sobre los pisos de concreto de las instalaciones. Se les podía ver en sus caras el agotamiento y la humillación de realizar un trabajo forzoso sin tener ningún tipo de pago o beneficio a cambio, tal cual esclavos modernos vestidos de verde; esclavos de una dictadura comunista.

Después de usarlos, fueron reemplazados por personal de la milicia. Gran parte de estos milicianos eran personas de avanzada edad, lo que empeoraba aún más esta cruel labor. Además de pasar por las mismas penurias que sufrieron los jóvenes soldados, se añadió un agravante: el engaño. A estas pobres personas mayores, se les había prometido un pago a cambio de la remoción de maleza. Vi a muchos trabajar entusiasmados los primeros días, pero después de una semana ya se veían en sus rostros el agotamiento sumado a una progresiva decepción. Por supuesto que las promesas de pago no se cumplieron y empezaron a dejar de trabajar para después marcharse. Pero ya no importaba que se fueran, porque una vez más, se habían limpiado las instalaciones de la maleza mediante la manipulación de los débiles, por no llamarlos pendejos. Pero claro; como los manipuladores chavistas que estaban enviando órdenes desde Caracas desconocían que la naturaleza de la vegetación era volver a crecer; cuando esto ocurrió con una leve lluvia, ya no tenían a nadie a quien llamar, o mejor dicho, ya no tenían a quien engañar.

Así como improvisaron con el control de maleza, lo hicieron con el mantenimiento de las turbinas. La planta Gabaldón fue un ejemplo de cómo el gerenciamiento chavista en Corpoelec empezó a utilizar la improvisación como herramienta de gestión. Esta termoeléctrica fue construida para incorporar 120 megavatios (MW) al sistema eléctrico nacional. Tendría tres turbinas las cuales generarían 40 MW cada una. Estas turbinas se alimentarían de gas propano, el cual sería suministrado mediante un gasoducto que llegaría directamente a la planta. Este gasoducto nunca pudo suministrar gas ya que nunca fue culminado. En cambio, esta planta de tecnología alemana que funcionaba eficientemente con gas, tuvo que ser alimentada por gas-oil desde su primer día. La continua alimentación de gas-oil requería que el mantenimiento fuese más frecuente debido que éste tipo de combustible contamina los componentes del sistema de manera mucho más rápida que el gas. Al poco tiempo se tenía un sistema saturado de gas-oil y carente de mantenimiento, causando fallas a las turbinas. Solamente fueron dos las turbinas que funcionaron en algún momento. Una de ellas nunca arrancó por estar incompleta. Al empezar a presentar fallas en alguna de las dos turbinas, optaron por quitarle piezas a la turbina inactiva para reparar las fallas y así continuar operando. Luego, al presentarse más fallas y al acabarse las piezas de la turbina inactiva, optaron por parar una de las dos turbinas operativas y quitarle las piezas, quedando solo una funcionando. Se había reemplazado la cultura del mantenimiento para formarse una cultura de desmantelamiento.

Este método de canibalismo mecánico se repetía en otras plantas, sub estaciones e inclusive en el taller automotriz, donde los vehículos que se encontraban fuera de funcionamiento por esperar algo tan sencillo como un cambio de cauchos, batería o aceite, le sustrajesen cualquier componentes como alternadores, silenciadores y hasta piezas de carrocería, con el fin de colocárselo a los vehículos que lo requirieran.

Por lo menos esto se podría justificar para poder mantener a los vehículos de la empresa en funcionamiento, pero injustificable eran la sustracción de piezas para simplemente venderlas o reparar carros particulares, cosa que empezó a ocurrir con la creación de la Corporación.

En poco tiempo las plantas de generación, sub estaciones y tendidos eléctricos se fueron deteriorando haciendo que el sistema eléctrico del Estado Lara se convirtiera en una bomba de tiempo que posteriormente provocara un colapso mayor.

Para los años 2009 y 2010 se empezaron a ver fallas críticas en muchas zonas del Estado Lara. Pero al mismo tiempo que eso ocurría, ya tenían a quien culpar: al sabotaje eléctrico.

8 Años

56

En Busca de Culpables

Para nadie es un secreto que el régimen chavista siempre ha evadido sus responsabilidades y las consecuencias de su terrible accionar buscado culpables por todas partes. El imperio norteamericano, la derecha internacional o la oposición siempre han servido de excusa. Pero en el caso de las fallas eléctricas, los empleados opositores eran los culpables.   Todo empleado de Corpoelec que fuese mínimamente sospechoso de ser opositor al régimen chavista era automáticamente tildado de saboteador sin tener evidencia alguna. Lo difícil de que te culpen de algo como esto, es que los individuos que te señalan de saboteador están contigo allí, caminando por los mismos pasillos de los edificios, viendo al igual que tú la desidia corporativa que ocasiona las fallas. Pero con el fin de preservar sus cargos y ser premiados, buscaban a los culpables entre los empleados. Nieto era experto en buscar culpables para luego llevarle la información a su jefe Herrera.

Siempre recordaré la noche del 21 de junio del 2010 cuando ya estando en mi casa descansando de un largo día de trabajo y en compañía de mi familia, recibí una llamada de Nieto. Me dijo que me presentara de manera "inmediata" al edificio sede. Para la fecha vivía cerca de allí, por lo cual pude llegar rápido. Pensaba que me necesitaban para algún trabajo inesperado, pero al mismo tiempo pensaba que era extraño porque no estaba de guardia. Al llegar a la oficina de seguridad, Nieto estaba allí. Me pide por favor que subamos a la oficina de Herrera a nivel presidencial. No menciona palabra alguna cuando subíamos juntos en el ascensor. Al llegar a la oficina de la vicepresidencia, allí estaba Herrera sentado en su escritorio. Se levanta de su silla y cordialmente me pide que me siente del otro lado de su escritorio. Me dice de manera calmada: "sabemos que fuiste tú, pero explícanos más, a quién le pagaste?". Resulta ser que ese mismo lunes en la tarde, había ocurrido una falla en una subestación ubicada en la calle 14 del centro de Barquisimeto. Según Nieto y Herrera, yo tenía que ver con el origen de la falla. Decidieron culparme por lo sucedido ya que ese mismo día me correspondió inspeccionar varias instalaciones en el centro de la ciudad y esa planta fue una de ellas.

En la inspección pude ver lo mismo de siempre; una estructura que a pesar de ser antigua, funcionaba correctamente, pero la vegetación abundante que estaba creciendo por la estructura hacía que ocasionalmente su funcionamiento se interrumpiera, como ocurrió ese mismo día. Herrera y Nieto me culpaban argumentando que yo había coordinado con personas para que arrojasen una larga cadena de acero al sistema eléctrico y así lograr un corto circuito, lo cual era absolutamente absurdo. Continuaron cuestionándome por largo rato más, para finalmente decirme que la única manera que yo pudiese salir bien de esa situación sin que pasasen un informe al Servicio Bolivariano de Inteligencia Nacional, SEBIN, era presentado mi renuncia. Ya tenían una carta redactada para que yo firmase. Yo tenía una tranquilidad tal que en el día de hoy todavía no me la explico. Me sentía convencido de que por ser mentira todo de lo que me estaban culpando, no tenía nada por que preocuparme. Les dije que estaban equivocados y que por supuesto no iba a firmar absolutamente nada. Me dejaron ir después de un largo rato, pero no sin antes Herrera decirme: "los escuálidos siempre caen, tarde o temprano pero caen". Yo me retiré calmado bajando por el ascensor, pero al llegar a mi carro parqueado en el estacionamiento, los nervios me invadieron. Tuve que esperar un rato sentado antes de poder arrancar. Cuando regresé a mi casa, mi esposa me preguntó: "que pasó? Por que te llamaron?" A lo que le respondí "era solamente una reunión extraordinaria". No quise mortificarla.

Pero vivimos en un mundo irónico donde pasan cosas irónicas. A Nieto lo remueven de su cargo ese mismo año y a Herrera al año siguiente. No importó lo mucho que colaboraran y adularan constantemente a los altos directivos de la Corporación, por que cuando éstos últimos necesitaron sus cargos para dárselos a familiares y amigos, simplemente los despidieron. Pero como el chavismo tiene un gusto especial en colocar militares en los cargos gerenciales, al poco tiempo del despido de Nieto, vino a reemplazarlo un coronel del ejército de apellido Manrique. Herrera fue reemplazado por otro ingeniero de apellido Molina.

El coronel continuó la misma línea de acoso a los trabajadores que no estuviesen de acuerdo con las ideas chavistas impuestas desde Caracas. Además de eso nos dimos cuenta que lo habían enviado con la finalidad de ir recortando nuestras horas de trabajo en guardias preventivas. Gracias a esos recortes y a la inflación galopante, nuestro salario fue reduciéndose de manera progresiva, resultando que en los años siguientes llegase a menos del salario mínimo nacional. Molina aplaudía las acciones de Manrique al mismo tiempo que hablaba sobre los ataques del imperio norteamericano al sistema eléctrico a través de empleados escuálidos en la corporación.

La Intervención Cubana

Para el 2011 la intervención cubana en la Empresa estaba más fuerte que nunca. Ya se tenían agentes cubanos trabajando de manera clandestina en improvisadas y ocultas oficinas. Esto lo descubrí cuando fui asignado para realizar un censo en el Edificio Sede. Esta labor fue pedida por el Departamento de Seguridad Industrial con el fin de conocer la cantidad exacta de personas que trabajaban en cada edificio y así actualizar el plan de emergencia en caso de eventos inesperados como incendios o terremotos. Yo me ofrecí para realizar esta labor. Al empezar a hacer el recorrido por los pasillos me encontré con una puerta la cual no tenía nombre. Por lo general, todas las puertas de los pasillos tenían alguna nomenclatura. Las de las oficinas tenían el nombre del respectivo departamento, gerencia o Vicepresidencia como también la nomenclatura en el caso de cuartos de limpieza o mantenimiento, etc. Me pareció extraño que esta puerta en particular tuviese el aviso del nombre removido, todavía se le podía ver la pega que lo sujetaba. Abrí la puerta sin avisar y me encuentro con dos personas de aspecto delgado que yo nunca había visto en los cinco años que llevaba trabajando allí. Estaban en una diminuta e improvisada oficina que carecía de ventanas. El lugar no medía más de 2 x 2 metros. Era un espacio destinado solo para los equipos de la red o routers de la intranet. Ambos trabajaban con computadores portátiles conectados a los cables azules de ese sistema de routers. Se sorprendieron al verme. Yo después de darle los buenos días, le pregunté: "qué oficina es esta?". Uno de ellos se podía ver contrariado pero   al mismo tiempo disgustado por mi pregunta, por lo cual respondió con un acento cubano bien marcado que nunca olvidaré: "eso no te lo voy a decir, así que por favor retírese", lo cual yo hice. Era muy evidente que estaban interviniendo la intranet de la Empresa.

Era absurdo que se estuviesen escondiendo en ese diminuto espacio sin nombre, como clandestinos en una cueva. Pienso que llegaban muy temprano, trabajaban continuamente sin salir de allí y luego se retiraban en horas que no coincidieran con la salida del personal. Esto lo asumo por que ese par de rostros no los había visto yo nunca entre los demás empleados. Nunca entendí el por qué de su trabajo clandestino. Creo que si estos cubanos estuviesen visibles en una oficina con ventanas de vidrio que se pudiesen ver desde los pasillos por donde todo el mundo pasase, nadie se iba a meter con ellos debido al temor que se tomasen represalias contra cualquier empleado que los cuestionase.

En otra oportunidad donde pude ver de cerca la magnitud de la intervención cubana fue en octubre del 2011. El embajador de Cuba Rogelio Polanco, fue invitado a visitar una fábrica de transformadores en las cercanías de la ciudad de Carora. Yo me encontraba haciendo inspecciones en esa ciudad, por lo cual me llamaron para pasar por allá y estar presente. Pude ver a este embajador recorrer el lugar e ir señalando con su dedo índice todas las cosas que veía mal, como si fuese un gerente más de la Corporación, o más aun; el Ministro de Energía Eléctrica. Junto a él, estaba un sujeto vestido de rojo que caminaba pegado a su lado como perrito faldero en conjunto a un gran grupo de los adulones de siempre que corrían abriéndole el camino a Polanco. Después supe que ese perrito faldero se trataba del Alcalde de Carora para la fecha Edgar Carrasco.

De Acoso a Agresión

Los venezolanos nos hemos acostumbrado a que nuestras viviendas o apartamentos deben estar cubiertos de rejas para proteger nuestros bienes y a nosotros mismos de la delincuencia. Se ha convertido por años en el modo de vivir en nuestro país, cosa que no es normal en otras partes del mundo. Basta con viajar a un país europeo o al mismo Estados Unidos para darse cuenta que el uso de rejas en las residencias es poco común. Yo, como muchos venezolanos, vivía en un pequeño apartamento lleno de rejas. Estaba ubicado cerca de la catedral de Barquisimeto y del Edificio Sede donde trabajaba. A pesar de estar ubicado en un barrio no muy seguro llamado "El Malecón", yo me sentía tranquilo por el hecho de ser un apartamento con barrotes de acero en todas las ventanas y puerta principal.

Esa tranquilidad ficticia fue perturbada una madrugada del 11 de enero del 2011. Fue en ese momento cuando vi en carne propia lo que los colectivos chavistas hacen. Ya lo había visto por televisión y en redes sociales, desde que empezaron a llamarse los círculos bolivarianos para después llamarse colectivos, siempre haciendo lo mismo; intimidar a través del terror. Esta vez ya no lo veía frente a una pantalla sino más bien lo pude vivir y no es nada agradable.

En la madrugada, estos delincuentes llegaron en grupo de alrededor de 6 personas, todos en motos. Nosotros vivíamos en el primer piso del edificio, lo que hace que los ruidos sean más fuertes al oído. Yo dormía, pero el ruido de las motos me despertó. Luego escuché voces como poniéndose de acuerdo en quién iba a empezar, algo así como "dale tú, dale tú!". Seguidamente escuché varios disparos, yo diría que entre 3 o 4, lo cual me hace brincar de la cama junto a mi esposa para luego tirarnos al piso. La ventana de nuestro cuarto estaba ubicada justo en frente de la calle donde estos psicópatas disparaban sus armas. Seguidamente de los disparos uno de ellos gritó palabras como "escuálido, fuera de Corpoelec, renuncia o muere". Fue ahí cuando supe que era un hecho dirigido hacia mí.

La intimidación con motocicletas y armas de fuego es la manera más común que los colectivos chavistas usan para causar terror a cualquier ciudadano. No era difícil de pensar que estos sujetos pertenecían a estos colectivos armados y tenían órdenes especificas de asustarme para hacer que me fuera de la Empresa, cosa que yo no tenía pensado hacer. Fui a varios entes policiales a denunciar lo ocurrido, pero sabía que era nada lo que iban a lograr ya que ningún cuerpo policial venezolano investigaría a los colectivos o a cualquier ente chavista, dentro o fuera de Corpoelec.

Evidentemente no me pude sentir seguro en esa pequeña cárcel que tenía por apartamento, por lo tanto no tuvimos más remedio que mudarnos de allí tan pronto como fue posible.

La Reacción ante la Agresión

La impotencia ante lo ocurrido esa madrugada y ante la progresiva degradación de lo que una vez fuese una de las mejores empresas del sector eléctrico del país, me hizo reaccionar. Hizo que me involucrase más activamente en la participación política. No bastaba solamente con una simple firma para la realización de un referéndum, sino tenía que ser algo más comprometedor. Yo me había inscrito en el partido político Primero Justicia el mismo día que firmé la convocatoria de referéndum revocatorio en el 2003, pero fue en las elecciones parlamentarias del 2010 que empiezo a involucrarme un poco más ayudando en las campañas políticas para los dirigentes regionales. En ese proceso electoral se recuperaron puestos parlamentarios perdidos en el 2005 incorporándose a la Asamblea Nacional políticos regionales como lo eran Eduardo Gómez Sigala y Edgar Zambrano.

Basado en esos avances yo me convencí que, como dicta cualquier constitución democrática en cualquier país del mundo, pronto vendría un cambio político en los próximos procesos electorales. En el 2011 se empezó a hablar sobre la realización de unas elecciones primarias de oposición con el objetivo de elegir al mejor candidato que representaría a la Mesa de la Unidad para las elecciones presidenciales del año siguiente. Se tenía mucha confianza que, si se lograba conseguir un candidato único a través de esas elecciones, dicho candidato agruparía la mayor parte de la población venezolana para ganarle a Chávez en las próximas elecciones presidenciales.

Yo puedo decir con seguridad que para el año 2011 en toda la Empresa, no solamente en las instalaciones de la ciudad de Barquisimeto, sino en todas las instalaciones de Enelbar en el Estado Lara, un 90% de los empleados estaban entusiasmados con las elecciones primarias de oposición. Existía un ambiente de esperanza colectiva con la realización de esas primarias. Se sabía que si el candidato electo por la MUD lograba desplazar a Chávez de la presidencia de la República y al país se lograra sacar de la agenda castro-comunista por la cual fue sometida por más de una década, no sólo recuperaríamos a nuestro país, sino también Corpoelec sería disuelta y pronto tendríamos de vuelta a nuestra Energía Eléctrica de Barquisimeto.

En los pasillos se empezaban a comentar discretamente sobre los posibles candidatos. Se decía que Henrique Capriles o Leopoldo Lopez serían los mejores candidatos para vencer a Chávez. A medida que transcurrían los meses del 2011 se hacía más intensa la participación política para buscar los mejores candidatos. En septiembre, el Consejo Supremo Electoral anunció que las elecciones presidenciales se realizarán el 7 de octubre del año siguiente, por lo que ya en noviembre la MUD daría a conocer los candidatos que participarían en las primarias.

Con motivo de promocionar la campaña de Leopoldo Lopez, el ex gobernador de Carabobo, Henrique Salas Feo, nos visitó en Barquisimeto. Tuve la oportunidad de conocerlo y conversar brevemente con él en esa ocasión en un reconocido restaurante al este de la ciudad. Yo por supuesto apoyaba a nuestro candidato de Primero Justicia Henrique Capriles, pero también me simpatizaba las ideas que tenía Lopez para la época. Por esta razón me dio mucha satisfacción conocer de la alianza entre ellos dos apenas días antes de la elección.

Esa pequeño encuentro que tuve con Salas Feo me costó que para el 30 de diciembre de ese 2011, se divulgara por el correo electrónico interno de la Empresa, una foto donde estábamos él y yo además del siguiente texto:

"Aquí tenemos otro escuálido trabajando en nuestra empresa, se trata del Ing. Marco Aguero quien se encuentra abrazado en esta foto con el Gobernador opositor Enrique Salas Feo, que tal!!! De paso sabemos que firmó contra el presidente…! Fuera los escuálidos de CORPOELEC"

Dicha foto había sido tomada con mi consentimiento por un amigo desde su cámara digital quien me la había hecho llegar. Ni él ni Yo la habíamos compartido con nadie ni difundido en red social alguna, pero presumo que tuvo que haber sido robada de alguna manera de mis archivos digitales. Siempre pensaré que fueron los cubanos instalados en el edificio sede quienes no sólo la sustrajeron sino que también la difundieron. También es curioso que la última frase de ese infame correo "Fuera los escuálidos de Corpoelec" haya sido una frase similar dicha por un miembro de los colectivos en cuando dispararon frente a mi apartamento. Frase también usada en grafitis pintados por vándalos chavistas en varias paredes alrededor del Edificio Sede que casualmente aparecieron en esos mismos días de haber recibido el correo.

Yo, a pesar de lo sucedido, seguía optimista por que pensaba que el fin del gobierno chavista estaba cerca. También pensaba que esa foto difundida por la intranet de la Empresa serviría mas adelante para confirmar nuevamente mi posición en contra del régimen chavista y a favor del nuevo gobierno democrático que sería electo en el 2012.

Al comienzo de ese año, la esperanza iba incrementándose. Ya se aproximaba las elecciones primarias las cuales se celebrarían el 12 de Febrero. A medida que se acercaba la fecha, teníamos más reuniones en el partido con la finalidad de coordinar la logística para tal día. A mí se me había encomendado la tarea de ubicar a personas opositoras en el sector donde yo vivía, que además estuviesen interesadas en ir a votar, para así apoyarlas con el traslado en caso de no tener vehículos.

Para la fecha, con propósitos de inversión, Yo había comprado un vehículo "mini bus" marca KIA. Este pequeño bus resultó ser muy útil para el día de las elecciones. Tenía una capacidad para que 9 personas viajaran cómodamente a su centro de votación. Esta buseta funcionó perfectamente para el traslado de muchas personas entusiasmadas por participar. Recuerdo haber llevado personas desde la ciudad de Cabudare a centros de votación en Barquisimeto un mínimo de 10 oportunidades, por lo cual puedo decir con orgullo que ayudé a que un aproximadamente 100 personas votaran aquel día. Más satisfacción tuve más adelante al enterarme que nuestro candidato Henrique Capriles había sido electo con el 65% de aprobación.

El lunes, día siguiente de las elecciones, al llegar a la oficina, lucí con orgullo mi dedo meñique manchado de tinta. Era obvio que sí tenías el dedo manchado, eras opositor. El Jefe de Departamento Manrique al ver que no escondía en absoluto el orgullo que sentía de haber ejercido el derecho al voto en las primarias de la MUD, me miró con una cara de repudio que todavía recuerdo.   Pero como les he mencionado antes, me sentía con mucha confianza de que todo iba a cambiar, por lo cual el miedo que había tenido por tanto tiempo se desvanecía con ese optimismo.

Por supuesto no faltaron la visitas de Directivos Nacionales o Regionales con el objetivo de imponernos en reuniones votar por Chávez en octubre. Recuerdo la visita de uno en particular que no recuerdo su nombre, pero era el Director Regional de Seguridad Integral. Nos reunió a todo el personal de seguridad en un salón para decirnos que teníamos que estar activados desde ya en campaña en pro de la reelección de Chávez. También dijo, en sus propias palabras, "la revolución no ha llegado a Corpoelec Lara". Esto debido a que veía a muchos trabajadores (entre ellos yo) rehusarse en lucir el nuevo carnet de trabajo con el logotipo de Corpoelec y mas bien preferían usar el viejo carnet de Enelbar. Lo mismo dijo con los los rotulados de los vehículos y edificios; que casi no se ve el logotipo de Corpoelec. Poco después de la visita de este director adulón, se empezaron a ver los logotipos de Enelbar malamente arrancados por todas partes. Los rotulados eran despegados de los vehículos sin el más mínimo cuidado, dejando pedazos de plástico, marcas de pega y hasta rayas en la carrocerías. Lo mismo hacían con las letras de los edificios. Rotulados de metal con el logotipo y nombre de la Empresa, eran arrancados toscamente a golpes de martillo, dejando alguna que otra letra partida o tornillo doblado incrustado en el concreto armado de las fachadas. Parecía que lo hacían solo con el interés de demostrar su repudio en contra de la agonizante Empresa. Pero esas acciones solo eran una muestra más de que estaban preocupados por que Chávez perdiera.

Eso a mí no me impidió seguir colaborando con mi partido para la campaña de Capriles en las elecciones presidenciales del 7 de octubre. Allí nos encomendaron un trabajo muy simple el cual era la implementación del sistema 10 x 10.

Este sistema trataba de que cada miembro del partido teníamos que ubicar a un mínimo de 10 personas interesadas en ir a votar por nuestro candidato y cada una de esas 10 personas tenía que buscar a 10 más. Era sumamente fácil no sólo conseguir a 10 personas sino mucho más que eso. En mi vecindario todas las personas con quien yo hablaba estaban dispuestos en ir a votar por quien fuese con tan solo salir de Chávez. Dicho eso, teníamos mas bien que enfocarnos por ubicar a quienes querían ir a votar por Capriles pero no tenían medio de transporte, ahí es donde yo podía ayudar nuevamente.

Pero para ese entonces yo no tenía la buseta que tanto me sirvió en las primarias para transportar personas, por lo que tomé la decisión de usar el vehículo designando por la Empresa para tal fin. Algunos dirían que eso es peculado de uso y tienen razón. Pero peculado de uso también ha sido la colocación de pancartas chavistas en los alumbrados públicos de todas las avenidas principales de cada población del país con el uso de camiones cesta de Corpoelec, cosa que hacían en todas las elecciones; no sólo presidenciales sino de gobernadores, alcaldes y para los diputados a la

Asamblea Nacional. El peculado de uso y abuso de poder lo ha hecho el gobierno chavista desde que tomaron el poder, de manera continua y descarada. Chávez siempre era el candidato con las pancartas más gigantescas, con más vallas publicitarias en las principales entradas de las ciudades del país, con propagandas en todos los medios de radio y escritos previamente expropiados o robados, y por la televisora que pertenece al Estado pero es usada como el medio de propaganda chavista más grande del País; Venezolana de Televisión. Todo ese dinero usado para publicitar al régimen chavista ha salido del bolsillo de cada uno de los venezolanos.

Henrique Capriles hizo su campaña electoral a lo largo y ancho del país con su lema "Hay un Camino". El cierre de campaña fue realizado en Barquisimeto el 4 de octubre de 2012. Ese jueves se convocó para asistir a la Avenida Venezuela con calle 29 frente a la Catedral de Barquisimeto. Ver esa cantidad de gente junta, era realmente impresionante. Era una multitud similar a la conocida procesión religiosa de la Divina Pastora. Yo calculo que debimos haber habido por lo menos un millón de personas.

Me acuerdo que ese día terminé de trabajar como siempre a las 3:30 de la tarde y decidí irme caminando hacia la multitud ya que la Catedral esta ubicada a unas pocas cuadras del Edificio Sede. Para mi sorpresa me doy cuenta que no soy yo el único en ir, sino que en poco tiempo vi al menos unos 50 compañeros de trabajo que como yo decidieron asistir. Estoy seguro de que podríamos haber sido muchos más trabajadores, pero el miedo de ser identificados impidió a muchos otros empleados a tomar el riesgo de ejercer su derecho a manifestar libremente su posición política. Por supuesto que al día siguiente ya los jefes y gerentes chavistas estaban amenazando a todo el personal que asistió al cierre de campaña de Capriles con amonestarlos o despedirlos, amenazas que no me afectaban mucho ya que yo estaba acostumbrado, además de sentirme confiado de que todo cambiaría después del domingo 7 de octubre.

Llega el domingo y la participación para ir a votar fue masiva. Perdí la cuenta de las veces que trasladé a personas a los diferentes sitios de votación tanto en Cabudare como en Barquisimeto. Las filas en los centros de votación se contaban por cuadras. Recuerdo haber contado 4 cuadras de cola en el centro de votación en el Colegio María Santísima de Cabudare, el cual era cercano a mi casa. En esas colas la gente hablaba abiertamente sobre lo emocionados que estaban por que sabían que era inevitable el cambio. Todos comentaban sobre su preferencia por Capriles y decían que era imposible que el gobierno chavista pudiese ocultar tantos votos en favor de él. Algunos centros de votación tuvieron que permanecer abiertos más allá de las 6 de la tarde, ya que la cantidad de gente era enorme.

Más tarde, todo el País estaba en espera de los resultados. Pasadas las 10 de la noche la rectora principal del CNE emite los resultados otorgándole a Chávez la victoria. Yo al escucharlos no podía creer la manera tan descarada que el gobierno chavista ejecutaba el fraude. Lo único que pude hacer después de escuchar semejante mentira fue acostarme a dormir con la esperanza que al despertar hubiese sido solo un mal sueño.

El lunes siguiente se declaró día de asueto nacional por la victoria, o mas bien por el fraude que realizó Chávez. Cuando me presenté el martes a trabajar las caras largas de muchísimos trabajadores eran imposible de ocultar. Se sentía un ambiente de tristeza y silencio que no permitía la posibilidad de lamentarse o quejarse por el fraude para no levantar sospechas. Las amenazas se siguieron haciendo sobre aquellas personas que fueron vistas en la concentración en apoyo a Capriles el pasado jueves. Muchos de esos trabajadores que estaban bajo sospecha simplemente no fueron a trabajar esa semana argumentando enfermedad y esperando que se enfriaran las cosas y bajara un poco el acoso hacia ellos.

Después de las elecciones yo entré en un estado de resignación ante la situación. Acepté que las cosas no iban a cambiar pronto sino por el contrario iban a empeorar aún más y no había nada que yo pudiese hacer. Los meses pasaron y yo me enfoqué en seguir trabajando haciendo inspecciones en otros pueblos del Estado, esto con el fin de evitar ir al Edificio Sede para no encontrarme con alguien que pudiese tomar acciones en mi contra por haber estado involucrado en las campañas de oposición al régimen.

Pero los eventos que surgieron después de las elecciones, distrajeron, o más bien desconcertaron, a los esbirros chavistas en Corpoelec por un buen tiempo. Dos meses después Chávez anuncia en cadena nacional que se va a Cuba y que si algo ocurriese, Nicolás Maduro quedaría encargado. Creo que ningún venezolano esperaba semejante revelación. Pero mucho menos nos esperábamos, a pesar de lo que se sabía sobre su enfermedad, la noticia de su muerte el 5 de marzo del año siguiente. Recuerdo que una vez conocida la noticia, se empezó a sentir un ambiente muy enrarecido en la Empresa. Era como un silencio preocupante. Mucha gente, incluyéndome, estábamos cautelosos de que pudiese pasar algún levantamiento popular o militar, pero de lo que sí estábamos seguros es que tenía que venir un cambio. Existía la esperanza de que el chavismo por fin había terminado.

A los pocos días el CNE anuncia que se realizaran elecciones presidenciales nuevamente el 14 de abril. Esto hizo que nos activáramos nuevamente para la campaña de Capriles contra Maduro. La logística fue básicamente la misma que se usó en las elecciones ocurridas pocos meses atrás. Se volvió a sentir un clima de esperanza por que esta vez estábamos más que seguros que Maduro no podría ganar; pero esa alegría no duró mucho, el fraude fue más descarado que nunca, colocando a Maduro como ganador. Ya era obvio que estábamos frente a un régimen dictatorial que no estaba dispuesto a ceder el poder democráticamente.

Funcionarios del SEBIN y del DGCIM instalados en el Edificio Sede.

En el 2012 funcionarios del Servicio Bolivariano de Inteligencia Nacional (SEBIN) y de la Dirección General de Contrainteligencia Militar (DGCIM) ya tenían una oficina en la planta baja del Edificio Sede. Habían sido puestos allí con la finalidad de acosar a los trabajadores sospechosos de ser opositores al régimen. La manera más común de amedrentarlos era mediante el envío de citaciones y así interrogarlos y culparlos falsamente por ser partícipes del sabotaje eléctrico.

Era una estrategia que tenía un triple propósito: 1. Salir de los opositores en la Empresa causándoles miedo para que abandonaran sus puestos, 2. justificar la ineptitud de la Corporación en el suministro del servicio eléctrico diciendo que todo se trata de sabotajes internos y 3. Ingresar a familiares y amigos de chavistas en los puestos dejados por los opositores ahuyentados.

Se hicieron varias denuncias por parte del Sindicato de Trabajadores del Sector Eléctrico (SITIEL) a la prensa. Sin embargo ésta práctica se volvió más intensa después de las elecciones del 7 de octubre, ya que aprovecharon en identificar a los trabajadores que habían ido al cierre de campaña de Capriles o los que hablaban abiertamente sobre la esperanza que significaba que Capriles ganara, cosa que se fue difícil de ocultar por el fervor del momento previo a las elecciones.

El Establecimiento de la Cultura Delincuencial Chavista

Después de que Maduro se instala en la presidencia de República, designa a Jesse Chacón como Ministro de Energía Eléctrica. Seguidamente se empezaron a ver cambios en los altos cargos de la Corporación. Recuerdo que ese año cambiaban a los directivos de Corpoelec Lara del mismo modo que Chacón se cambiaba sus interiores. Pasaron por allí una cantidad de sujetos desconocidos por todos y sin experiencia alguna en ENELBAR ni mucho menos en el sector eléctrico. Sólo se tomaba en cuenta que se vistieran de rojo y repitieran las idioteces que decía Maduro desde Caracas.

Se empieza a ver un incremento significativo en la nómina de trabajadores. La razón de esto era debido a que cada Director General designado que entraba sabía que su cargo de alto nivel le iba a durar muy poco tiempo, por lo que aprovechaban más bien de ingresar en nómina lo más rápido posible a todo familiar o amigo que pudiese, sin tomar en cuenta si habían cargos disponibles ni mucho menos la preparación de la persona a ingresar. Se inventaban cargos a montón solamente para meter gente en la nómina. Recuerdo haber visto a un señor de aproximadamente 60 años de edad haber sido ingresado para ocupar un cargo inventado de oficinista. Era un oficinista sin oficina, no tenía ni siquiera una silla; solo se la pasaba caminando por los pasillos del edificio sin nada que hacer.

Para el año 2008 la nómina de Enelbar era de aproximadamente 1000 trabajadores. Cinco años después de la instauración de la Corporación, la nómina se había incrementado a 1800. Esto era algo completamente absurdo, ya que la mayoría de las funciones que tenía cada Gerencia o Departamento habían sido eliminadas por la

Corporación argumentando que ya no eran necesarias que las efectuasen, ya que muchas labores administrativas se realizarían desde Caracas. Esto generó que muchos empleados tuviesen poca o ninguna labor que hacer, esto sumado a personal recién ingresado que tenían menos que hacer todavía.

El 24 de abril del 2013 se ordena mediante un decreto la intervención de Corpoelec. Esto significaba que todos los puestos de control de las plantas estarían intervenidos por militares. Había militares de altos rangos por todas partes. Desde tenientes hasta coroneles de ejército permanecían en las instalaciones de generación dando órdenes por doquier y amenazando con arrestar a quien se negara a seguir sus órdenes. Ninguno de estos militares entendían el más mínimo concepto sobre electricidad ni mucho menos sobre los conceptos básicos del funcionamiento de una planta de generación. Eran incapaces de colocar un simple bombillo. Casualmente ese mismo 24 de abril designan a Hugo Carbajal "el Pollo" como Director de la Dirección General de Contrainteligencia Militar, mismo organismo represor que ya tenía un funcionario instalado en el Edificio Sede.

Bajo la dirección de Carbajal se registraron un alto número de detenciones arbitrarias en Corpoelec a nivel nacional.

Se hicieron cada vez más frecuentes las visitas de directivos de Caracas a todas las instalaciones de Barquisimeto con el fin de reunir a los trabajadores de las distintas gerencias y así sermonearlos sobre la lealtad hacia el chavismo, a la revolución y a Nicolas Maduro. De esta manera fue que llegó el 24 de octubre del 2013 el Coordinador de Seguridad Integral a nivel nacional, quien fuese un General del Ejército de nombre Elias Moreno Martinez. Este señor convocó a todos los que pertenecíamos a los departamentos de Seguridad Patrimonial y Seguridad Industrial a una reunión en el nivel presidencial del Edificio Sede. A cada lado de él se sientan varios individuos que lo acompañaban. A su lado izquierdo, uno de ellos que al hablar se le notaba un acento cubano bien marcado y difícil de ocultar. El que estaba sentado en el puesto siguiente al lado del cuabano, tenía un aspecto delincuencial sobresaliente, de esos que si te lo encuentras caminando por la calle te cambias de acera inmediatamente. Este sujeto me lo encontré por desgracia unos meses después, historia que contaré más adelante.

En esta reunión el General empezó a darnos un discurso sobre buena que es la revolución y sobre lo estable que seguirá siendo a pesar de la muerte de Chávez. También habló acerca de su estrecha amistad con Maduro, de su convencimiento sobre el Socialismo como el mejor sistema del mundo y sobre lo importante que es la lealtad a la revolución. Continúa hablando sobre la crisis en el sector eléctrico y como los actos de sabotajes por parte de opositores que laboran en la Corporación a sido la única causa de los apagones a nivel nacional. También dejó muy claro en sus propias palabras que "los escuálidos no solamente van a ser despedidos para el 2014 sino que también van a ser metidos presos por actos de sabotaje, así que lo mejor es que renuncien para hacer la cosas más fáciles."

Entre muchas cosas más, también mencionó sobre un conato de incendio que ocurrió unos meses atrás, específicamente el 25 de mayo de ese año, en una planta que se encontraba en remodelación en la zona industrial 3 de Barquisimeto. Argumentó que el personal de seguridad no había actuado en lo absoluto para evitarlo o investigarlo.

Ese día yo estaba de guardia. Recuerdo que me llamaron en la tarde una vez que todo había pasado. Fui al sitio y me encontré con el departamento de bomberos recién terminando de extinguir las llamas. Se veía que algunos equipos nuevos para ser instalados habían sido quemados intencionalmente. A pocos metros de estos equipos había una abertura en la cerca de alambre que había sido cortada con una herramienta. Por casualidad la herramienta de cortar estaba justo allí cerca de la abertura, olvidada por los delincuentes, o por lo menos eso quisieron que sospecháramos. Podría haber sido un montaje fácilmente. Al sitio fueron militares de la Guardia Nacional como también los funcionarios del SEBIN y DGCIM quienes se encontraban en el lugar investigando lo sucedido. Todo parecía muy bien montado para hacer ver que hubo un intento de sabotaje. Por supuesto no quise involucrarme mucho, por lo que entrevisté al vigilante, tomé un par de fotos y me fui para posteriormente realizar el informe de lo que vi. Era completamente fuera de lugar que este General mencionara que no habíamos investigado nada, cuando tenían a dos cuerpos policiales del estado en el sitio encargado de hacer ese trabajo.

Al terminar esta eterna reunión pude entender que estaban armando toda una estructura para hacer que el personal opositor al régimen se terminara de ir y que únicamente quedara dentro de la Empresa personal chavista.

Mi futuro en la Empresa se veía cada vez menos probable ya que la esperanza de un cambio se había desvanecido con el fraude electoral realizado a Capriles en dos oportunidades. Las ganas de ir a trabajar todos los días al Edificio Sede eran cada vez menos al transcurrir de los meses siguientes.

La Violencia a principios del 2014

Con la llegada del 2014 llegan las protestas en varias ciudades del país. Leopoldo Lopez con su movimiento denominado "La Salida" llama a la rebeldía y al desconocimiento de Nicolas Maduro como presidente. Las principales calles y avenidas de las ciudades de Cabudare y Barquisimeto estaban bloqueadas por guarimbas. Todos los días de la semana de enero y febrero había disturbios entre los protestantes y la Guardia Nacional. Comienzan los cuerpos de seguridad del régimen a reprimir con sus armas de fuego a protestantes desarmados y en consecuencia también empieza el conteo de heridos y de asesinados por parte del régimen dictatorial. Estos campos de batalla se instalaban desde antes de las 6 de la mañana todos los días, lo que hacía difícil para todas las personas ir a trabajar y a los niños ir a estudiar.

Yo a pesar de ser un opositor al chavismo desde el primer día que vi a Chávez en la televisión aquel año 92, estaba en contra de la guarimba como método para salir del régimen. Siempre he pensado que la mejor salida es la democrática, pero también aprendí que los métodos democráticos no funcionan para salir de regímenes dictatoriales como lo es el régimen chavista. Simplemente no sabía ni que pensar ni que hacer.

Leopoldo Lopez se entrega voluntariamente al régimen para ser encarcelado el 18 de febrero. Esto tiene como consecuencia que las protestas se calmen un poco; tanta destrucción, heridos y muertos para lograr absolutamente nada.

Después que todo se calmó pude reincorporarme a mis labores en la Empresa. Existía una tensión silente que abarcaba cada rincón del Edificio Sede. No sé si era miedo o desesperanza, o simplemente una combinación de ambas. La gente ya no buscaba hacer conversación alguna, simplemente trabajaban callados esperando no meterse en problemas entre tantos jefes chavistas, militares y funcionarios de diferentes cuerpos policiales que merodeaban fuera y dentro de cada instalación de Corpoelec Lara.

El 5 marzo por la tarde salí de trabajar para dirigirme a mi casa en Cabudare. Conducía uno de esos tantos Toyotas Land Cruiser blancos que pertenecían a la Empresa, lo cual me hacía sentir incómodo por sentirme blanco fácil de cualquier protesta anti gobierno. Para esos días procuraba que me designaran un carro menos llamativo pero ese día no tuve otro remedio que montarme en el Toyota por ser el único que había. El aire acondicionado no funcionaba y debido al calor propio de las 3 de la tarde en Barquisimeto, tenía que andar con la ventana abajo lo que hacía la situación más insegura todavía. Pude manejar tranquilo por

Barquisimeto sentido hacia Cabudare. Andando por la avenida principal que conecta ambas ciudades, muy cerca ya de mi casa, me tocó esperar la luz de cruce en el último semáforo antes de llegar a mi casa. Veo que un viejo Malibú de un color azul bastante percudido y lleno de remiendos, yo diría que modelo 78, de esos que son usados como unidad de transporte público llamada coloquialmente como "rapiditos", se detiene a mi lado derecho. Seguidamente escucho que me llaman para obtener mi atención. Volteo y mi sorpresa es ver a un sujeto que se encontraba a lado del conductor, asomado por encima del techo apuntándome con un arma. Era una persona de piel morena y de aspecto pasado de peso, con una gorra y unos lentes para cubrirse el rostro, así como lo hacen los cobardes. Sin decir más empieza a disparar el arma lo que hace que yo me encorve hacia abajo cubriendo mi rostro con mis manos inútilmente. Escucho que estos tipos les causa risa mi reacción de miedo, y me dice el mismo que disparó en un tono burlista, casi riéndose: "escuálido, conspirador, sabemos donde vives, no te mato hoy por que no me da la gana, estas advertido, vete de aquí!". Tan pronto grita eso, se van como si no hubiesen hecho nada malo, acelerando el Malibu tranquilamente como si no hubiese pasado absolutamente nada.

Mucho tiempo después supe que ese sujeto era miembro de los colectivos armados y de apellido Peraza, el mismo sujeto de aspecto delincuencial que estaba sentado al lado izquierdo del general Moreno. No era difícil asumir que estaba bajo las órdenes del General. Ese individuo había ingresado por aprobación de la Dirección de Corpoelec en la Capital poco tiempo antes. Fue enviado para trabajar en el edificio Sede y así enviar información a Caracas sobre todo lo que veía. Era un sujeto de mirada pesada y de poco hablar. Tenía consigo un bolso tipo "koala" amarrado a su gruesa cintura y de vez en cuando presumía que tenía un arma guardada en ese bolso buhoneril; algo muy típico en los maleantes comunes que asedian en las calles de Venezuela. Se la pasaba todo el día caminando por los pasillos sin mucho que hacer, solo mirar. No era él el único sujeto recién llegado con esas actitudes. Como les dije anteriormente, el chavismo casi duplicó la nómina de empleados en los primeros años de la llegada de la corporación, por lo cual para la fecha existían muchos sujetos desconocidos con aspecto extraño y sin cargo ni funciones definidas. Era fácil de llegar a la conclusión que la gran mayoría de ellos eran enviados por el chavismo para invadir y espiar al personal ingresado previo a la Corporación.

Este establecimiento de delincuentes en la nómina de la Empresa, causó temor en los pasillos de todas las instalaciones. Sintiéndose amenazados, con sus sueldos devaluados y con la esperanza perdida por un mejor futuro, aquellos empleados que ingresaron alguna vez firmando orgullosamente un contrato con La Energía Eléctrica de Barquisimeto C.A.; empezaron a dejarse de ver. Con tal de escaparse de ir a trabajar al Edificio Sede, ese edificio administrativo que antes representaba un sinónimo de excelencia en cultura empresarial, el cual había sido rebajado a un centro de Jefes vestidos de rojo quienes solo tomaban decisiones basadas en las pautas enviadas por el régimen comunista en Caracas, además de una cantidad cada vez más creciente de sujetos desconocidos y mal hablados lanzados en paracaídas, los empleados antiguos escapaban al caos con la introducción de reposos médicos, vacaciones, jubilaciones o en los peores casos: la renuncia o el abandono del puesto.

En el caso de las vacaciones, como acto de hostilidad en contra de las personas que osaran viajar a Estados Unidos, la Corporación emitió un comunicado por la intranet de la Empresa, en el cual prohibían a todo el personal viajar a cualquier ciudad dentro de los Estados Unidos.

El comunicado decía lo siguiente:

"La Gerencia de Recursos Humanos de CORPOELEC, a través de la superintendencia de Calidad de vida, PROHIBE a todo el personal de la Corporación Eléctrica Nacional viajar a cualquier ciudad dentro de los Estados Unidos, principalmente New York, Las Vegas, Florida y Chicago, el personal que se descubra que viajó tendrá que abstenerse a las consecuencias de dicho mandato"

Y cerraba diciendo:

"Se agradece a los empleados que quieran justicia y hacer llegar los nombres de las personas que conocen que viajen a esos destinos ir

inmediatamente a la sede Los Colorados para realizar la denuncia

correspondiente ante el Ing. Luis Escalona."

Es difícil creer que dentro de la mente estrecha de estos esbirros chavistas, quepa la lógica de reprimir a personas por ejercer libertades tan simples y elementales. Pero lo que sí es entendible, es que piensen que Florida es una ciudad, ya que son tan represores como ignorantes. Pero ya sabemos que esa es la lógica retorcida que ejercen desde todos los niveles del régimen Chavista.

En mi caso no quedó más que viajar pero no de vacaciones, sino más bien para no volver. No dudé en irme para Los Estados Unidos de América en busca de la libertad que a mi país le habían robado una banda de delincuentes identificados como socialistas. Lo que me impulsó a hacer esta salida de mi país, aparte del amedrentamiento con arma de fuego por parte de colectivos que luego caminaban libremente por la Empresa, fue el acoso por parte de los funcionarios del SEBIN y de DGCIM instalados en el Edificio Sede.

El Interrogatorio

Ocurrió una mañana del 30 de abril del 2014. A pesar de que Yo estaba poco motivado para ir a trabajar por haber sido testigo de toda la destrucción hecha por el chavismo en tan poco tiempo en la Empresa, llegué en la mañana de ese miércoles como todos los días a la oficina que estaba ubicada en el segundo piso. Manrique me da los buenos días, seguidamente me dice sin dirigirme la mirada: "Marco necesitamos que le brindes un apoyo a los funcionarios de allá abajo". Todos sabíamos que "los funcionarios de allá abajo" eran: Pereira (SEBIN) y Barreto (DGCIM), los mismos esbirros mandados a acosar a los trabajadores por orden del régimen criminal instalado en Caracas. Ya ellos tenían un par de años sentados en una improvisada oficina en el piso de la planta baja. Cómo Manrique me había dicho "brindar un apoyo", lo primero que vino a mi mente mientras descendía por las escaleras, fue que necesitaban la unidad vehicular que yo estaba usando. Pensé que seguramente me la iban a quitar prestada por ese día o peor aún, por tiempo indefinido. También se me ocurrió que quizás querían que yo los llevara a algún sitio, cosa que me empezaba a aterrorizar más todavía. El solo hecho de pensar andar por la ciudad solo con esos dos sujetos, no era una imagen nada tranquilizante.

Apenas llegué, vi que la puerta estaba a medio abrir. Desde adentro Barreto me dice con una sonrisa que estoy siendo investigado por presunto sabotaje seguido de: "Pasa adelante, te estábamos esperando, nos han hablado mucho de ti". Al pasar me encuentro con una minúscula oficina. Era un poco más grande que el espacio donde estaban los agentes cubanos, pero igual sin ventanas. Tenía que tener alrededor de 2 x 3 metros. Dos escritorios, uno al lado del otro, que ocupaban casi todo el espacio, lo que imposibilitaba que la puerta abriera completamente y se topara con uno de los escritorios. También me acuerdo que tenían un ventilador barato de aspas negras con el objetivo de ventilar un poco el lugar. Por ser una oficina improvisada, carecía de ductos de aire acondicionado, por eso tenían la puerta abierta con el ventilador encendido a todo dar. Pereira estaba sentado en el escritorio a mano derecha mirando su teléfono celular, ni siquiera volteó la mirada cuando llegué. Barreto estando de pie detrás del suyo, me dice: "siéntate por favor". Había una sola silla en una de las esquina de la diminuta oficina. Se veía que estaba puesta allí con el solo propósito de interrogar a los trabajadores. Me dejan ahí sentado sin hablarme por un buen rato mientras Pereira continuaba mirando fijamente su teléfono que de vez en cuando lo hacía reír estúpidamente. Parecía como si estuviese mirando una de estas viciosas aplicaciones. Barreto ojeaba unos papeles dentro de unas carpetas amarillas. Debieron haber pasado más o menos una hora antes de que empezaran a hablarme. Ya me sentía bastante incómodo por el pequeño espacio. La poca ventilación y falta de aire me hacía sentir asfixiado. Pereira finalmente pone su teléfono sobre el escritorio y me dice: "Trabajas para la oposición?, cuánto te pagan? Además sabemos también que eres guarimbero. Estás o no con el proceso revolucionario?". Eran unas acusaciones absurdas y risibles. Según ellos a mí me pagaban por ejercer mi derecho como ciudadano de participar en un partido político y de preocuparme por el destino de mi país. No sólo eso sino que, según ellos, también me pagaban por estar en las guarimbas. Yo les respondía a ambos una y otra vez que a mi nadie pagaba por ejercer mis derechos y mucho menos que participaba en guarimbas, por que como ya les dije anteriormente, no era partidario de cerrar la calles con la finalidad de ejercer mi derecho de protesta. También les dije que no estaba con el proceso revolucionario, algo que no les gustó mucho escuchar. Pereira insistía una y otra vez con las mismas preguntas. También me decía que era una contradicción que yo no estuviese con el proceso revolucionario y trabajase en una Empresa del gobierno. Por supuesto ellos nunca podrán entender que no tiene nada que ver la preferencia política de un trabajador con el hecho de que trabaje para un ente público o privado. Son dos cosas completamente independientes que solamente existen en los países democráticos. Es mucho pedirle a esas mentes retorcidas que tienen un menjurje de ideas marxistas, comunistas, socialistas, Castro-chavistas, entender que no hace falta estar en el mismo partido político del gobierno para trabajar en una Empresa de servicio público. Pero por supuesto, también hay que entender que en Venezuela no existe un gobierno democrático sino más bien una organización delincuencial que tiene secuestrado a un país.

Pereira de vez en cuando dejaba de acosarme con sus insistentes preguntas y salía de la oficina para dejarme solo con Barreto. Este otro funcionario hacía ponerse de mi lado. Como si se solidarizara conmigo. Me decía: "chamo, estás metido en tremendo problema, lo único que tienes que hacer es decirle la verdad para que te deje tranquilo". Me di cuenta que Barreto estaba haciendo el papel de "policía bueno" y Pereira el papel de "policía malo", tal como una película de bajo presupuesto de Hollywood. Barreto me quería hacer pensar que todos mis problemas se iban a acabar apenas les dijese lo que ellos querían escuchar.

Me tuvieron en esa tediosa rutina hasta que el calor del medio día se hacía sentir en la pequeña oficina. Era cada vez más intenso. El aire que salía del ventilador de aspas negras, era ya de puro aire caliente. Se asemejaba más bien a un secador de manos que encuentras en cualquier baño público. Recuerdo que desde el primer momento que me senté ya tenía mucha sed. En ningún momento ellos permitieron que me levantase de la silla, ni siquiera para tomar agua o ir al baño que quedaba a escasos metros. Lo único que hacían eran preguntar y decir las mismas cosas una y otra vez. En un determinado momento Pereira hace mención sobre el conato de incendio ocurrido el 25 de mayo del año pasado en una de las plantas. Me dice que era obvio que había sido un acto de sabotaje cometido internamente y en el cual habían descubierto que yo era responsable.

Después semejante acusación y varias horas de tortura psicológica, para mi sorpresa Pereira me dice que me puedo ir. Una vez levantado de la silla me detiene y me dice palabras que nunca olvidaré: "Sabes que tenemos el poder. Te voy montar un caso por sabotaje y te voy a meter en la cárcel por escuálido de mierda!". Lo único que pasaba por mi mente después de escuchar esas palabras tan llenas abuso de poder e infamia además de ese odio y resentimiento tan propio de los chavistas, era irme inmediatamente del edificio para más nunca volver, lo cual hice.

El Adiós

En una sociedad democrática, en donde las leyes son respetadas y el sistema de justicia funciona independiente del gobierno de turno, si un ciudadano llega a ser víctima de algún delito como agresión o amenaza, este ciudadano puede acudir a las autoridades de las instituciones del estado para denunciar al delincuente y buscar hacer justicia. La experiencia que yo viví no tuvo esas opciones, si no por el contrario, las autoridades del estado venezolano ignoraban la denuncia para proteger al delincuente, quien a su vez es protegido por el régimen para ser mandado a perseguir a cualquier ciudadano que esté en contra de la dictadura venezolana. Y peor aún, las autoridades también son mandadas por el régimen para buscar y encarcelar a la víctima por el simple hecho de ser opositor al régimen. Muchos ciudadanos terminamos siendo entonces víctima de tanto los delincuentes como de las autoridades, ambos dirigidos por el régimen.

Ante tal situación, que opción le queda al ciudadano? Seguir denunciado? Denunciar a quién? Denunciar ante quién? Seguir exponiéndose a ambos agresores? O simplemente irse del país?

Tristemente la última opción la hemos tomado más de 5 millones de venezolanos en estos últimos 8 años. Ya sea por persecución, hambre, falta de salud o falta de educación. Cinco millones de personas que se han ido por avión, por barco o hasta "a pie" con tal de alejarse de la destrucción que el chavismo le ha infligido a Venezuela por más de 20 años.

Lo ocurrido a nuestra Empresa, La Energía Eléctrica de Barquisimeto C.A. es simplemente una muestra de lo salvaje que ha sido la destrucción hecha por Hugo Chávez y Nicolás Maduro en más de dos décadas. De pasar a ser una de las empresas más productivas del sector eléctrico en Venezuela, con un servicio de alta calidad que cubría las necesidades del 95% de toda la población del estado Lara, con empleados preparados y bien remunerados, a parte de tener recursos envidiables para mantener la más óptima calidad en el servicio eléctrico, a pasar a ser una mínima parte de una Corporación fallida, despojada de su autonomía financiera, carente de todo tipo de recursos y absolutamente dependiente de las migajas tiradas por el gobierno nacional. Un lugar con una nómina abultada de empleados carentes de preparación, que su único mérito ha sido pertenecer a los amenazantes colectivos o al PSUV, o en el mejor de los casos, ser familiar o amigo de los jefes puestos a dedo desde el régimen en Caracas. Un lugar lleno de militares haciendo el papel de gerentes incapaces. Un lugar en abandono con las peores condiciones de mantenimiento de los equipos del sistema eléctrico, dando como resultado un servicio eléctrico intermitente y de baja calidad.

El estar presente allí, y ver cómo en tan pocos años destruyeron algo que para mí y para muchos fue motivo de orgullo de pertenecer, es simplemente comparable a ver como destruyen nuestro hogar. Es como si una gran cantidad de intrusos se fueran metiendo poco a poco en tu casa, destruyéndola continuamente para dejarla en ruinas, con la diferencia que después de destruirla, se quedan allí para jugar con los escombros. Eso fue lo que me tocó ver en esos ocho años; ser otro testigo de la destrucción del sistema eléctrico venezolano.

Fin

Marco Agüero-Montero

Marco Agüero-Montero

Grafitis escritos en las fachadas de casas ubicadas frente al Edificio Sede de **ENELBAR**, en donde se leen consignas chavistas en contra de empleados opositores.

FUERA LOS
ESCUALIDOS de
CORPOELEC

CHAVEZ
VIVE!!!
Telefónica
movistar
Cómpr
A
un1ca
DIGITEL
Pre Pago
FUERA LoS
ESCUALIDOS de
CORPOELEC

Otros grafitis escritos en en la entradas
del Edificio Sede de ENELBAR.

Software Maisanta instalado en computador del jefe de
departamento de seguridad usado para identificar a
trabajadores opositores al régimen chavista.

FUERA LOS OPOSITORES
CuapoeleM

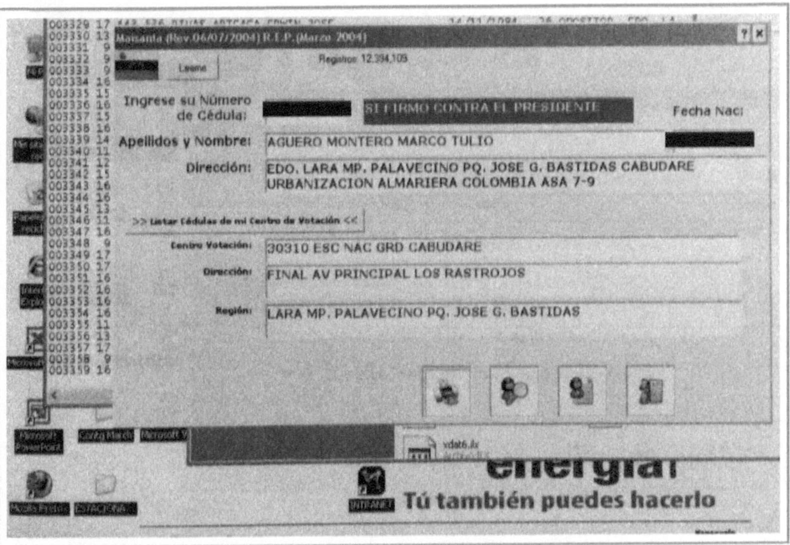

Maisanta (Rev.06/07/2004) R.E.P. (Marzo 2004)
Registros 12.394,105
Leeme
Ingrese su Número
de Cédula:
SI FIRMO CONTRA EL PRESIDENTE
Fecha Naci
Apellidos y Nombre: AGUERO MONTERO MARCO TULIO
Dirección: EDO. LARA MP. PALAVECINO PQ. JOSE G. BASTIDAS CABUDARE
URBANIZACION ALMARIERA COLOMBIA ASA 7-9
>> Listar Cédulas de mi Centro de Votación <<
Centro Votación: 30310 ESC NAC GRD CABUDARE
Dirección: FINAL AV PRINCIPAL LOS RASTROJOS
Región: LARA MP. PALAVECINO PQ. JOSE G. BASTIDAS
vdat6.ilx
energía!
Tú también puedes hacerlo

Publicación hecha en página web de la Corpoelec donde prohiben a los empleados viajar a ciudades de los Estados Unidos de América.

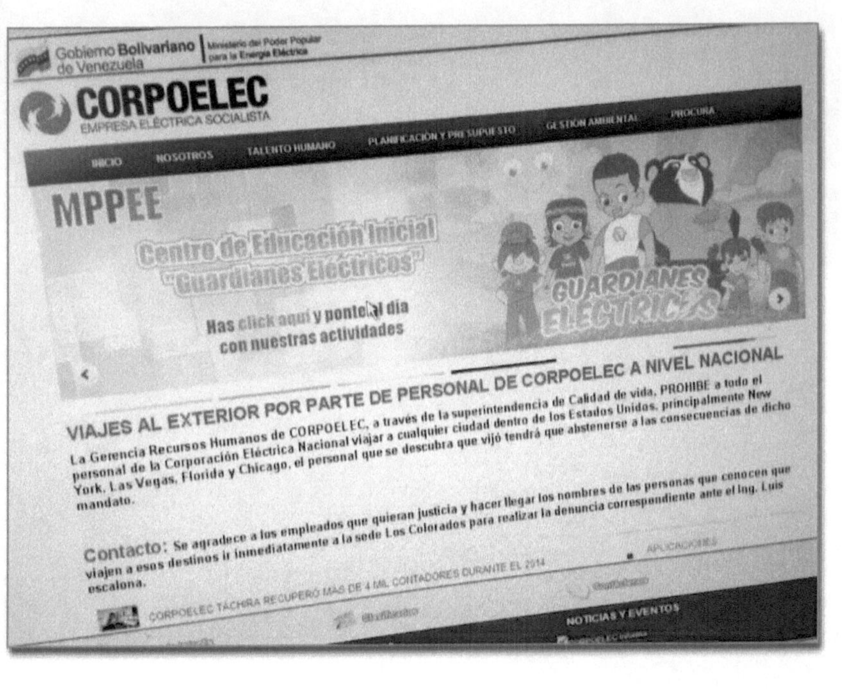

Gobierno Bolivariano de Venezuela | Ministerio del Poder Popular para la Energía Eléctrica
CORPOELEC
EMPRESA ELÉCTRICA SOCIALISTA
INICIO   NOSOTROS   TALENTO HUMANO   PLANIFICACIÓN Y PRESUPUESTO   GESTIÓN AMBIENTAL   PROCURA
MPPEE
Centro de Educación Inicial "Guardianes Eléctricos"
Has click aquí y ponte al día con nuestras actividades
GUARDIANES ELÉCTRICOS
VIAJES AL EXTERIOR POR PARTE DE PERSONAL DE CORPOELEC A NIVEL NACIONAL
La Gerencia Recursos Humanos de CORPOELEC, a través de la superintendencia de Calidad de vida, PROHIBE a todo el personal de la Corporación Eléctrica Nacional viajar a cualquier ciudad dentro de los Estados Unidos, principalmente New York, Las Vegas, Florida y Chicago, el personal que se descubra que vijó tendrá que abstenerse a las consecuencias de dicho mandato.
Contacto: Se agradece a los empleados que quieran justicia y hacer llegar los nombres de las personas que conocen que viajen a esos destinos ir inmediatamente a la sede Los Colorados para realizar la denuncia correspondiente ante el Ing. Luis escalona.
CORPOELEC TÁCHIRA RECUPERÓ MÁS DE 4 MIL CONTADORES DURANTE EL 2014
APLICACIONES
NOTICIAS Y EVENTOS

Correo electrónico difundido en
la intranet de la Corporación

Marco Aguero

De:
Para:
Enviado: Viernes, 30 de Diciembre de 2011 10:46 a.m.
Adjuntar: fmarco.JPG
Asunto: FUERA LOS ESCUALIDOS OPOSITORES DE CORPOELEC!!!

AQUI TENEMOS OTRO ESCUALIDO TRABAJANDO EN NUESTRA EMPRESA, SE TRATA
DEL ING. MARCO AGUERO QUIEN SE ENCUENTRA ABRAZADO EN ESTA FOTO CON EL
GOBERNADOR OPOSITOR ENRIQUE SALAS FEO, QUE TAL!!! DE PASO SABEMOS
QUE FIRMO CONTRA EL PRESIDENTE...!

FUERA LOS ESCUALIDOS DEL CORPOELEC

VIVA CHAVEZ!!!

"CUIDE SU AMBIENTE, NO IMPRIMA ESTE E-MAIL A MENOS QUE SEA ESTRICTAMENTE
NECESARIO."

30/12/2011

Denuncia hecha por el Sindicato de Trabajadores de la Energía Eléctrica ante el diario El Impulso publicada el 25 de octubre del 2012, donde exponen el amedrentamiento constante a los trabajadores por parte del SEBIN (Servicio Bolivariano de Inteligencia).

Sindicato acusa al Sebin de acosar a los trabajadores de Corpoelec

25 octubre, 2012

Al concluir la elección presidencial, los líderes del Sindicato de Trabajadores de la Energía Eléctrica del estado Lara (Sitiel), decidieron retomar la discusión de los problemas laborales que existen en Corpoelec.

El presidente de la organización, Mario Briceño, acompañado de Alfredo Aular, Emigdio Urriola y un grupo de trabajadores, denunció las serias irregularidades que se presentan dentro de la empresa del Estado, a objeto de que las autoridades nacionales pongan fin a una realidad alarmante.

En detalle, los sindicalistas consideran que la Corporación le dio la espalda a la clase trabajadora, al no cumplir con las reivindicaciones laborales que les corresponden.

Desde el año 2009, no reciben uniformes, aumentos de sueldo de acuerdo a las evaluaciones de desempeño, ni la retroactividad del aumento del 33% anunciado por el Ejecutivo nacional.

"Además, tenemos una situación muy grave y es que las moras de la empresa con las clínicas privadas produjo una reducción de la cobertura de salud, y pasamos de tener un seguro ilimitado a uno de 150 mil bolívares".

Contó Briceño que de 35 clínicas que ofrecían sus servicios médicos, sólo una acepta a los trabajadores de la empresa.

"La directiva está violentando el derecho a la vida de nuestros compañeros, pues ante las deudas de la empresa, los centros de salud privados no aceptan a nuestros trabajadores".

Otro elemento perturbador dentro de la organización, es la aplicación de normas internas que contradicen los artículos de la Convención Colectiva.

Denuncia hecha por el Sindicato de Trabajadores de la Energía Eléctrica ante el diario El Impulso publicada el 25 de octubre del 2012, donde exponen el amedrentamiento constante a los trabajadores por parte del SEBIN (Servicio Bolivariano de Inteligencia).

Segunda Parte

"La ausencia de una política de seguridad industrial ha cobrado la vida de 12 compañeros, de los cuales, dos pertenecían a Lara. Las malas condiciones de seguridad aunado a la inclusión de trabajadores sin experiencia, hablan de la ineficiencia de la gerencia de Recursos Humanos, dirigida por Ivett Marín".

En este sentido, el dirigente gremial agregó que la funcionaria "le endosa su incapacidad" a otros trabajadores, al igual que el subcomisionado de electricidad por el estado Lara, Juan Alexis Rivero.

"El gerente de Seguridad Industrial, Nelson Peralta, ha fallado en garantizar la seguridad de los trabajadores. Hay hacinamiento, no hay botas ni implemento alguno para trabajar".

Grave denuncia

Los dirigentes sindicales denunciaron a EL IMPULSO que funcionarios del Sebin (Servicio Bolivariano de Inteligencia Nacional), amedrentan constantemente a los trabajadores, enviándoles citaciones para interrogarlos. "La gerencia intenta ocultar su ineficiencia, endosando a los trabajadores sus errores y culpándonos de sabotaje. Los trabajadores reciben constantes visitas y citaciones del Sebin, e incluso, cuando un trabajador no asiste a su labor, con causa justificada o no, quien hace las averiguaciones es el Sebin".

En este contexto, Briceño recordó que la función de la gerencia de Recursos Humanos es mantener contacto directo con los trabajadores, sin promover amedrentamiento o acoso.

La conflictividad laboral es sólo un eslabón en la cadena de problemas de Corpoelec.

El área administrativa y operativa presenta evidentes deficiencias. "Los trabajadores prácticamente estaban subsidiando a la empresa. Hasta hace un mes pagaban de su bolsillo la gasolina para al menos movilizar las unidades". De acuerdo con datos aportados por los sindicalistas, en el país no hay apagones sino racionamientos de electricidad ya planificados por la Corporación.

"Apenas estamos trabajando un 20% de la operatividad. No hay apagones ni sabotaje, sino racionamiento eléctrico".

Explicaron los dirigentes que las matrices de opinión en torno al presunto sabotaje dentro de la empresa, ha promovido violencia en contra de los trabajadores.

"En Aragua, una comunidad enardecida asesinó a un trabajador. Tenemos casos de secuestro y maltrato, por eso no podemos permitir que nos acusen de la ineficiencia de la gerencia de Juan Alexis Rivero".

El mal manejo de los recursos de la empresa se evidencia en el deterioro de las unidades, con las cuales se movilizan las cuadrillas de trabajo. 576 vehículos pertenecen a la empresa y sólo se conoce el paradero de 440 unidades.

De este número, 100 se encuentran estacionadas y prácticamente abandonadas por pequeñas reparaciones.
"Tenemos carros parados por 600 bolívares", dijeron.

Los afectados sospechan que diferentes recursos han sido desviados, entre ellos, las cuotas que hacen los trabajadores al Seguro Social, Ley de Política Habitacional, embargo de pensión, caja de ahorro, aportes a sindicatos, entre otras contribuciones. "No tenemos confianza de que el pago de utilidades se pueda concretar".